Music Therapy
Case Studies Ⅰ

ケースに学ぶ
音楽療法 Ⅰ

阪上正巳・岡崎香奈 編著

岩崎学術出版社

はじめに

　音楽療法士の養成教育のなかで，個別の臨床実践を報告したケース・スタディから学ぶ意義はきわめて大きい。具体的な事実の記録が多様な治療理論や方法の修得・理解に資することはもちろんだが，何より困難を抱えたクライエントの生々しい声や，それに対するセラピストのさまざまな試行錯誤がリアルに伝わってくる。複雑な治療プロセスや，実際に奏でられ歌われた音楽のあり方，セラピストの考え方・感じ方，治療の帰趨から得られる貴重な発見や洞察など，実に多くの情報がケース記述には含まれているのである。
　そのようなケースを扱った書籍として，私たちはすでにアメリカの碩学ケネス・ブルーシア編のケース・スタディ集を手にしている。欧米の実践ゆえ多少の文化的齟齬がない訳ではないが，それでも学ぶところの多い名著であり，大学の授業で重宝したものである。ただ，その邦訳書（『音楽療法ケース・スタディ　上・下』，音楽之友社）は，まことに残念ながら久しく品切であり入手が困難になっている。
　こうしたなか企画されたのが本書である。わが国初の本格的な「音楽療法ケース集」として構想された。執筆陣のなかには欧米に留学経験がある方も多く，今なお海外在住の方も含まれるが，すべて日本人の音楽療法士あるいは研究者である。自験ケースの紹介者として現在望みうる最高の布陣になったのではないかと自負している。紙数の都合もあり17ケースに留めざるを得なかったが，それでも幅広い年代のさまざまな障害や疾病をもつクライエントに対し実に多様な理論・方法のセラピーが行われている。また，私の見るところ，それぞれの著者が自らにとって最重要のケースを寄せてくださったようで，各著者が熟

練したセラピストであることを考えれば，本書は現時点における日本音楽療法の到達ポイントを示す内容にもなっていると思う。

　異なる専門領域で仕事をする読者の便を図り，I巻を児童・高齢者・緩和ケア領域，II巻を成人の精神科領域とした。もちろんI・II巻を通読していただきたいが，まずは関係した領域を含む1冊を手に取っていただいてもいい。ご自分の関心や興味と照らし合わせながら，各章のケース記述に含まれる豊富な意義を汲んでいただきたいと願うものである。編集にあたっては，できるだけ病名や音楽用語などの統一を図ったが，「治療者」と「セラピスト」，「精神療法」と「心理療法」など，あえてそのままとした語句もある。音楽療法という領域がきわめて多方面にわたるため各著者の出自も多様で，それぞれの学術文化が異なるからである。また著者の好みや文体のリズムなどを損なわないよう，用語の違いを残した個所もある。

　さて，グローバルなIT社会である今日，音楽療法のケース集を出版する意義は上記にとどまらない。効率とデータが無上の指針となった現在の管理社会のなかで，臨床現場においても治療の数量化・実証化やマニュアル化が推し進められているのは周知の通りである。私の専門である精神医学の領域に限っても，科学的アプローチによる研究やDSM・ICDといった操作的診断基準，標準化された心理療法などが久しく医療現場を席巻している。もちろん，治療の有効化のために研究おけるエビデンスは重要であり，逼迫する医療経済を考えれば効率化が必須であることは言うまでもない。

　しかしながら一方で，効率や実証一辺倒の現実を吟味する時期にきているのではないかという言説も最近多く聞かれるようになった。厳密な科学研究や管理化された医療システムと，ひとり一人のクライエントの個別的な治療実践との間の乖離が無視できなくなっている，という声である。日常に溢れるおびただしいデータや情報のなかで，私たちは何を信じればよいか迷うこともしばしばである。客観性や厳密性を期するあまり，リアルな＜生＞がもつ複雑・精妙な身体感覚や直観といった情報源を信頼できなくなっているのでは，と疑いたくなるが，研究や医療システムと臨床の現実との乖離もこうした傾向と無関係ではあるまい。

　個別ケースが生きる現実のなかには，科学研究が客観性と引き換えに捨象し

てしまった生(なま)の情報がぎっしりと詰まっている。ケース研究は，管理の手を逃れる＜生＞をそのまま切り出す試みでもある。それはいわば合理性による濾過以前の"エビデンス"（証拠・証言）ともいえるものだが，科学主義の成果や重要性を踏まえた上で，私たちはもう一度，この生(なま)の情報への信頼を取り戻し，臨床の現実と管理化されたシステムとの間を埋める必要があるように思われる。

　さらに本書がほかならぬ「音楽」療法のケース集であることも，上記との関連で重要である。音楽という言葉を超えた芸術を媒体とするこの治療法には，他の媒体による方法とは異なる特質があるはずである。音楽における非言語的交感や俊敏で素早い動き，漠とした雰囲気，リアルな感触や肌触り，異界的な時空，「語り得ない」力の境位。あるいはそれらによって呼び覚まされる「喜び」や「感動」，「希望」……こういった諸々の創造的・生命的契機がこの治療アプローチには豊かに息づいている。これらが現代の治療文化全体にもたらす意義も決して小さくないはずであり，本書がそれに成功していることを願うばかりである。

　情報学者・西垣通は，「機械情報」と「生命情報」という言葉を使いながら，現代における「情報学的転回」を呼びかけている（『情報学的転回——IT社会のゆくえ』，春秋社）。「機械情報」とは，文字が発生した約5千年前に出現し，記号表現が記号内容から分離されて複製，編集，蓄積，伝達されたりするものである。これに対し「生命情報」とは，地球上に生命が発生した約40億年前に出現し，われわれの体の中にある無数の情報を含む生物にとって意味があるもの，価値があるもの，生物に刺激をあたえ行動を促すもののすべてである。「情報学的転回」という言葉によって，西垣は現代の「機械情報」に絡め取られてしまった人間を解放し，生命の発生とともに出現した「生命情報」にもとづく存在へと呼び戻そうというのである。

　音楽はすべての芸術の中でもっとも生命的な営みである。いささか大風呂敷にはなるが，本書の出版によって「あらゆる生命の尊重」を目指すその「転回」の一端を担うことができれば，編者としてこれほど嬉しいことはない。

　　　　　　　　　　　　　　　　　　　　　　　　　阪上　正巳

目　次

はじめに………………………………………………………………………… i

第1章　音楽を身にまとった子ども
　　　　自閉的傾向のあるダウン症知的障碍児との6年間…………生野　里花　1
　　　　　はじめに　1
　　　　　ケースの背景　2
　　　　　この症例研究のテーマと目的　2
　　　　　研究方法と提示方法　3
　　　　　経過（セラピストによるナラティヴ・ストーリー）　6
　　　　　臨床的テーマについての考察　25
　　　　　音楽療法領域への考察　31
　　　　　おわりに　33

第2章　〈表現〉を支える環境をつくる
　　　　副腎白質ジストロフィーを患う少年の事例………………三宅　博子　35
　　　　　はじめに　35
　　　　　背　景　36
　　　　　第一期・第二期の概要　37
　　　　　生態学的視点から見た音楽行為　39
　　　　　記述の方法　40
　　　　　第三期の経過　41
　　　　　考　察　50
　　　　　おわりに　53

第3章　児童対象の音楽心理療法
　　　　他害行動がある子どもの変容プロセス………………………岡崎　香奈　55
　　　　　はじめに　55
　　　　　ケース概要　56
　　　　　治療プロセス　58
　　　　　結果と考察　68
　　　　　おわりに　71

第4章　コミュニティ音楽療法の視点でみるノルウェーの小学校での
　　　　音楽療法……………………………………………………………井上　勢津　73
　　　　　はじめに　73
　　　　　社会的背景　73
　　　　　クライエントの背景　75

　　　　音楽療法の提供　76
　　　　治療プロセス　77
　　　　考　察　83
　　　　おわりに　85

第5章　認知症高齢者への個人音楽療法
　　　　即興演奏がもたらす内的世界の変容について……………高田由利子　87
　　　　はじめに　87
　　　　高齢者における即興音楽の役割　88
　　　　事　例　89
　　　　おわりに　104

第6章　重度認知症高齢者への集団音楽療法
　　　　鈴紐の活動への参加を通して得られた成果と意義…………蔭山真美子　107
　　　　はじめに　107
　　　　対象と方法　108
　　　　鈴紐を用いた活動の具体的内容および結果　113
　　　　考　察　119
　　　　まとめ　124

第7章　生きてきたように在りたい
　　　　緩和ケアにおける音楽療法……………………………………濱谷　紀子　127
　　　　はじめに　127
　　　　緩和ケアの音楽療法　128
　　　　ケース1　132
　　　　ケース2　135
　　　　まとめ　137

第8章　音楽を通して引き継がれる思い
　　　　緩和ケア病棟における音楽療法……………………………溝上由紀子　139
　　　　はじめに　139
　　　　背　景　140
　　　　経　過　140
　　　　考　察　155
　　　　おわりに　157

解　題　なぜケース（事例）を読むことが必要なのか？………………………159

索　引………………………………………………………………………………164

第1章
音楽を身にまとった子ども
自閉的傾向のあるダウン症知的障碍児との6年間

生野　里花

　はじめに

　音楽療法臨床とは,「療法士（以下 Th. と略す）が音楽経験を用いて対象者（以下 Cl. と略す）の療法的変化を起こそうとすること」であるが,その土台となっているのは,「両者が音楽の共通の時間を生きる場」である。では,「共通の時間を生きる」とはどういうことだろうか。筆者はとくにその中で,Th. と Cl. が「互いに影響を受け合う」プロセスに関心を抱いてきた。本症例は, Th. と濃密に影響し合う音楽の時間を通して, Cl. が自ら成長の方向性をつかみ取っていったと考えられる,重度知的障碍児の小学校6年間の報告である。
　この Cl. は音楽に強い関心があり,一見,音楽による療法的介入が効率的に行えそうなケースとも思われたが,実際には Th. の計画はスムーズに進まず,また一旦は成果と見えたものが蜃気楼のように消え去ったり,かえって障碍的側面を引き出すように見えることさえあった。しかし, Cl. はひたすらに Th. との音楽を求め,この場を好きな場所と理解して,熱心に通い続けた。彼女は,母親のことばを借りれば「音楽を身にまとって」いる子どもであり,Th.−Cl. の関係はいわば「音楽協同者」であった。この子どもとの6年間は

どのように捉えられ，療法は何をしたと言えるのか。俯瞰的視野から振り返る。

ケースの背景

Cl. は，視覚障碍（白内障による弱視）と重度知的障碍を持つダウン症女児で，養護学校（現・特別支援学校）小学部入学と同時に筆者との個人音楽療法を開始した。一回約 40 分（一時期 60 分）で，本研究の対象となった小学部 6 年間の総セッション数は 137 回となった。自宅では電子キーボードで遊んだり，周囲の音楽に耳を傾けたりして過ごすことが多く，音楽に対しては際立って強い意志と受容／表現行為がある。反面，周囲が理解できる表現言語は，6 年間を通して 3 語ほどにとどまった。また，経過でも述べるように，自立歩行は 4 年生後期に獲得された。

音楽療法臨床研究としてのこの症例の特徴は，①言語表現手段が極度に限られていること，②音楽がほぼ唯一の，そして突出した関係媒体であること，③個人音楽療法という親密な，しかし閉じられた場のプロセスであることである。

この症例研究のテーマと目的

音楽に特殊な関心をもつ重度知的障碍児との 6 年間 137 セッションを，以下のふたつの視点から検証する。

1. 臨床の経過を詳細に検討することにより，類似するケースの参照材料として貢献したい。すなわち，音楽療法という空間の中で Cl. はどのように行為し，何を発信していたか，Th. のそれらに対する理解，判断，対応はどのようなもので，またどのように変遷したのかについて検討する。
2. 「療法的介入と変化反応」という一般的な図式が容易に実現できない症例を検討することによって，Th. と Cl. の「相互関係」に関する本質的な問いに光を当てたい。すなわち，音楽療法という空間の中で Th. と

Cl. の関係はどのように構築され，また変遷したのかについて検討する。

研究方法と提示方法

1. 一次データ

各セッション 4-5 ページの参与・直接観察の書き起こし記録を一次データとする。また，必要に応じて，ビデオ記録を参照する。ただし，これらのデータの中から客観的真実を洗い出そうとするのではなく，Th. が事象をどう捉えていたかという内容を一貫して取り扱う。

2. 二次データの作成

（1）記述記録の読み直しとカテゴリー分け

膨大な一次データの整理にあたって直面した問題は，大きく分けてふたつある。まずこの症例では Cl. の発達・認知・社会性の問題に加え，Th.・Cl. 双方の音楽性，両者の関係などが深く入り組んで関連し合っており，そのどれかひとつの基準で切り分けると全体像を見失うこと，もうひとつは，事象の「繰り返し」や「行きつ戻りつ」が近視的・巨視的に散在しているため，全体を見るまではどのような個々の解釈も足を取られ，道に迷う危険が大きいことである。こうしたことから，一次データを整理するためには，Th. と Cl. の関係状況を具体的・直接的に表しつつも，療法効果的価値判定を伴わない分類基準を用いることが必要と考え，**表1**のような音楽経験形態パターンのカテゴリーで 137 セッションの各活動を分類した[脚注1]。**図1**はその分類表の例である。

脚注1）すでに述べたように，これらは Th. が事前に確信を持って線引きし「処方」した活動ではなく，Th. と Cl. の関係において「現実的な流れから生まれ，また消えていった」音楽形態である。よって，Th. と Cl. それぞれにとって，カテゴライズする場所が必ずしも一致しないと考えられるものもあったが，その場合はどちらかの経験に偏ることなく，結果的に2人が出会っていたと考えられる形態に（ただし Th. が後日反芻したものとして）類別した。また6年間をつぶさに見ていくうちには，カテゴリーの境界線自体が崩れていくプロセスも見出されるようになったが，敢えてカテゴリーは変更せず，「境界線が崩れる」事象そのものを書き留めていくようにした。

表1　Th. − Cl. の音楽経験形態パターンのカテゴリー

演奏−傾聴	Th. が Cl. の意に添う音楽を演奏し，Cl. は聴くことに没頭する。
援助−再現	Cl. が曲のメロディやリズムを再現しようとし，Th. の音や手による直接的援助を受け入れる。
役割−応答	Th. が療法的課題の役割が組み込まれている曲を演奏して参加を促し，Cl. がそれに応える。
演奏−参加	Th. の演奏に対し，Cl. が補助的なパートで参加している。Cl. は双方の音を聞き，自然に音楽に乗っている。
演奏−競演	Th. の演奏する曲と並行して，Cl. が自分流でピアノや打楽器を演奏する。聴きながら合わせて参加するというよりも，個人的エネルギーが前面に出て，競うように音を出す。
援助−会得	Th. の演奏のビートやリズムに Cl. が魅せられ，会得しようと自発的で特別な努力をする。あらゆるリソースを注意深く統合して使おうという意識が前面に出ており，Th. も援助する。
変奏−共演	Th. が馴染みの曲を基に変奏即興すると，Cl. がよりいきいきと共演してくる感じがある。
不協−積極	自閉的になった Cl. の出す音に，Th. が故意にぶつけるような即興をすると，Cl. はかえって共演に積極的に開かれる。
即興−協演	Th. のピアノ即興に対し，Cl. がピアノや打楽器で応えてくる。ふたりのエネルギーが五分五分に融合する「協演」である。
フロア−対面	Th. と Cl. がフロアで対面し，対等な楽器を介して直接的な即興展開をする。
演奏−運動	Th. の演奏する音楽を Cl. が体全体で感じて動く（抱かれて動く）。
ピアノ−意志	Cl. がピアノに対し，意志を持って離れる，近づく，弾く，弾かないなどの選択をする。

（2）気づきやターニングポイントの書き出し

（1）との同時作業として，Th. が記録の中で記述している重要な「気づき」を，学年別に書き出していった。この中には，母親やアシスタントが語ったことで Th. が重要と受けとっている記述も含まれる。

3. 二次データから見いだされた意味概念のチャート化

上記の二次データから，各学年において Th. が重要視しているできごととその意味概念を書き出して，1年生から6年生へと拡がる同心円状のチャート

第1章　音楽を身にまとった子ども──自閉的傾向のあるダウン症知的障碍児との6年間　5

図1　分類表の例

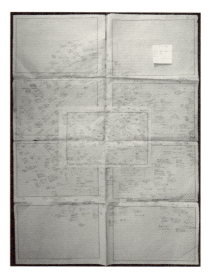

図2　同心円状のチャート

図3　部分サンプル①

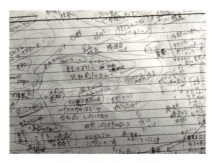

図4　部分サンプル①

（図2，模造紙約1枚分，図3，4に部分サンプル）を作成した。そして，学年を超えて関連するものを線や色でつないでいった。こうすることで，初めて全体の経過を概観することができた。

4.　経過の提示方法

　本稿では，Th. が語るナラティヴ・ストーリーという形態で症例の経過を提

示する。つまり，記述形態であった **1.** の一次データを，**2.** と **3.** によって二次データへと整理し，そこで得た知見を煮詰めて，**4.** で再び記述の形へと還元することになる。この「Th. によるナラティヴ・ストーリー」という提示方法を用いたのは，この研究が，Cl. のみを研究対象として定位置からの客観的分析を目指したのではなく，むしろ，最も事象に近いところに居た Th. の視点を一貫して活かそうとすることによって，起きていたことのひとつの側面を明らかにしようとしたからである。すなわち，Th. と Cl. のふたり（遠景としてアシスタントと母親）が共時的・通時的に展開した共同プロセスについて，当事者のひとりであり研究者でもある Th. の視線から捉えようとした。関連し，「5. 経過（Th. によるナラティヴ・ストーリー）」では，「Th.」，「Cl.」という呼称ではなく，より臨床状況になじむ「私」，「ケイ」（仮名）いう呼称を用いる。

5. 結論の提示方法

「この症例研究のテーマと目的」で述べたうち目的のうち，**1.** について「臨床的テーマについての考察」として，**2.** について「音楽療法領域への考察」として述べる。

経過（セラピストによるナラティヴ・ストーリー）

1年生

＜出会い……音楽への没入とクレーン要求の世界＞

「音楽が好きなので，表現手段を広げてやりたい」という家族の希望のもとに，ケイは音楽療法室へやってきたが，その「好き」さは尋常でないことがほどなくわかった。筋肉の低緊張のため立つことができない小さな身体をこごめ，ケイは，音という音に全身で注意を払って「音楽」が訪れることを待っていた。私が即興で挨拶の歌を歌うと，そのリズムを即座に手で模倣した。しかし私のかける言葉には全く反応を示さず，音楽のはたらきかけに限って何かが浸透していく感じがした。

少し場に慣れてくると，私の手をピアノの鍵盤に乗せてはなじみの歌やその

ほかの音楽的な何かを弾かせようとする，いわゆるクレーン現象が顕著に現われた。ケイからのこの唯一の能動的コミュニケーションを頼りに，私は手探りで音楽の場を創り始めた。

＜ピアノとフロアタムの合奏……拍感の伸縮と休符＞
やがてケイはフロアタムを私のピアノに合わせてたたくようになり，即興から生まれた2曲がテーマのように繰り返し登場した。まず，軽快な4ビートに乗せて名前を呼びかける《ケイちゃんの太鼓》が弾かれると，ケイは全身で歓びを表しながら情熱的にフロアタムをたたいた。途中，私が拍数を自由に伸縮発展する箇所が，ケイの集中をスリリングに引き締めるらしかった。ピアノの音程が上がっていく旋律では，ケイも太鼓の表面を右へ右へと叩いて行くのが印象的だった。一方，《Aマイナー即興》は，随所に八分休符や四分休符が散りばめられた緊迫的な楽想の曲で，休符なのか，終わりなのかを感覚を研ぎ澄ませて伺うことで，ケイは集中を継続していくようだった。

太鼓に当てる手の箇所，手のかたち，手の距離などはさまざまに工夫されており，これまで家でひとりで太鼓に向かい取り組んできた音楽の世界の深さを思わされた。

＜打楽器を介した応答遊び……課題で向き合うことの不安定さ＞
やりとりのコミュニケーションを促すため，私がフロアタムをたたきながら名前を呼びかけて，太鼓の一打，あるいは「はい」という発声を引き出そうとする遊び，あるいは，大きなオーシャンドラムをはさんで向き合い，音を出しながら私の手を近づけていってケイの手に重ねる遊びなどを試したが，達成は不安定であり，やっとのことで共感が開通しても，ケイは数回「つき合う」と急速に興味を失っていくように見えた。

＜ムーブメント……自然な発声と身体的呼応＞
幼児は通常，身体全体で音楽を受け止め，身体を動かすことで音楽を生きる。しかしケイは視覚障碍と運動機能の遅れから，いつも上半身と聴覚神経のみを過大に緊張させて音楽を聴いているように見えた。そこでチャイコフスキー

Tchaikovsky, P.I.《くるみわり人形》組曲から，特徴的な身体経験を促すような楽想の曲を弾き，アシスタントがケイを抱いて歩く，周る，少し落として受け止めるなどの「ムーブメント」をした。ケイはこれをことのほか歓迎し，自然な発声や笑い声，音楽の展開を予期した身体の動き，かすかな歌声などが見られた。

＜連弾即興の始まり……未知の音世界の創造，他者との協動＞
ケイがピアノで自分の手や私の手を使って弾こうとするものの多くは，既知の童謡メロディであり，自ら即興や創作で遊ぶという様子は見られなかった。しかしケイの出す音の断片に，私が和声をつけて伴奏することから即興連弾が少しずつ生まれた。未知の音世界を探索すること，それも私という他者の音に自分の響きを重ねるという試みは，ケイにとっては全く新しい体験であり，発見と後ずさりを繰り返しながら取り組んだ。私にとっては，言葉や遊びの世界ではなかなか開かないケイとの協同作業の重い窓がわずかに開いて細い光が差し込む一歩となった。

＜独特な音楽世界……感受性と閉鎖性＞
この最初の1年，私はケイの音楽感覚の鋭敏さへの驚きと，その閉鎖的で支配的な在り方への戸惑いを，自分の中で統合することができずにいた。私が供する音楽は情熱的に迎えられるものの，気がつくと音楽だけがケイのもとへ行ってしまい，私は療法士としての影響を与えるどころか，ひとり置き去りになっているといった状況が多かったし，唯一のケイからのコミュニケーションである音楽の要求も，どこか機械のスイッチを押して出てくる音を待つといった感じがした。また，「終わる，始める」といった療法構造上の境界線を共有することも難しく，延々とひとつの音楽を続けるケイの様子からは，広大な平原をひたすら一人で歩いていく子どものような，あてどのない印象を受けた。

2年生
＜緊張感のある楽想の流行……感情の直接的なふれ合い＞
この時期から，付点やシンコペーションの音楽が登場し始めた。ビゼー

Bizet, G. 「カルメン」より《ハバネラ》，ジョビン Jobim, A.《ワン・ノート・サンバ》などをピアノで弾くと，ケイは身を乗り出して聴き入ったり，打楽器やピアノで情熱的に演奏に加わったりした。私の直観的な選曲とケイのこうした演奏姿勢がいわば対話的に繰り返され，結果的に2人の間で，ある傾向の曲が「流行」するというプロセスの始まりでもあった。

　これらの曲に取り組むときのケイは，気に入ったフレーズを私に弾かせようとすること，手を取られて自分も弾こうとすること，音楽によって気持ちが高ぶってくることが交じり合い，1年生のときには見られなかったような直接的な感情表出やコミュニケーションが起こるようになってきた。

　＜療法課題の組み込まれた曲……広がる距離＞
　セッション活動の大半は，なんとかケイの求める音楽を発見して私の側からケイと出会おうとすることで占められていた。一方で，ケイのこれほどまでに高い音楽的感性を利用して，発達促進のための療法的課題を行う責務があるのではないかという考えが私の中で繰り返し頭をもたげた。そして，《Fun for Four Drums》[脚注2]，《ふたつの音》[脚注3]など，「うつくしさ」[脚注4]の質の高い音楽に身を委ねれば，自然に認知性や社会性を伴った役割が果たせるような曲を試みた。しかし，ケイはこれらの名曲に聴き入ったり，定拍で共演することが主で，ほとんど課題をこなすことができなかった。そればかりか，こうした課題的なアプローチを敏感に感じ取り，拒否感を示して遠ざけようとしたり，故意にまったく違う思考世界に入っていくように見えることもあった。この時期の私には，これが感情的な抵抗なのか，なんらか認知的な問題なのか把握しきれないままであった。

脚注2） Nordoff, P.; Robbins. C. *Fun For Four Drums – A Rhythmic Game For Children With Four Drums, Piano And A Song*. Theodore Presser Company. PA.1968.
脚注3） 中馬千晶《ふたつの音》，生野里花他編『音楽療法のためのオリジナル曲集　静かな森の大きな木』．春秋社．2002.
脚注4）「音楽療法領域への考察」でも述べるように，この症例で言う「うつくしさ」とは，芸術的に雄弁であることのほかに，Cl. の中にある「すこやかさ」（脚注14参照）を慈しむ演奏のし方がされているような音楽を指す。

＜スキャット即興……対話的やりとりの誕生＞

2年生も終わりにさしかかった頃，ピアノ連弾即興の中から，鮮烈なスキャットやりとり即興が生まれた。これは，オースティン Austin, D. の事例[脚注5]の歌唱即興の技法を応用したもので，私がピアノで2和音（E(m)−F）を行き来しながらフリギア旋法で即興を弾いたところ，ケイがE(m)に乗せて自然に即興のフレーズを歌った。私がFに乗せて返すと，さらにケイも歌い返すという対話が延々と続いた。このときのケイの歌は，音程的にも対話的なクリエイティビティにおいても雄弁な表現を伴っており，その才能のきらめきに驚かされた。日常生活においては，言葉はおろか行動においてもほとんど「やりとり」ということができないのに，音楽の上であればこのような人間味を感じさせる関係を成熟したかたちで体現できるケイの能力は，どう見ても特殊であった。

＜ケイの成長の方向性……療法士としての自問＞

この時期，私は療法セッションであるにもかかわらず「音楽協同者」のように発展していく私達の関係に目を見張る一方で，その情熱の激しさと独走ぶりに困惑も覚えていた。また，前述のような課題的な音楽活動に関しては，展望が見えないだけでなく，どこかケイの本性に逆らっているような無力感と虚しさを伴ってきていた。こうした課題に限らず，ケイは周囲から期待されたり勧められたりすることは，ことごとく，敏感に回避していくように見え，日常生活において母親も盲学校の教師[脚注6]も同様に困惑していた。「ケイは私からは学ばない，ケイの成長の方向性はケイにしかわからない」という諦観と畏敬の相半ばしたメッセージが，私の中で漠然と響き始めていた。

脚注5) Austin, D. "When the psyche sings: transference and countertransference in improvised singing with individual adults". In: Bruscia, K. Ed. *The Dynamics of Music Psychotherapy*. Barcelona Publishers. 1998.

脚注6) ケイとその家族はこの時期，家庭に出張してくる盲学校の教師から定期的に生活援助指導を受けていた。

3年生

<ピアノ連弾黄金期……競演と対決>

　ケイは私とピアノ連弾するときの厚い響きに魅惑されたようすで，活発に高音域を弾くようになった。ふたりの間の「流行」は，ハチャトゥリアン Khachatryan, A.《仮面舞踏会》，モンティ Monti, V.《チャルダッシュ》，ウェーバー Webber, A.《アルゼンチンよ，泣かないで》，ビゼー Bizet, G.《小さな木の実》など，たたみかけるようなドラマ性を持った曲へと進んだ。手を取られて旋律をなぞることもあったが，音楽に高揚してくると手を振り払い，思うままに弾く――右手を口にパタパタ当てながら，左手で順次進行のスケールを不規則に上り下りするなど――ことも多かった。そうしたときも，主音は捉えていた。

　一方で，私がベース部分だけ構造を作り，ケイが高音部を弾く連弾即興も熱心に取り組んだ。ベースはブロックコード，アルペジオ，ワルツ，フォークソング調，ドリア旋法オープン5度，ハバネラなどであった。とくに前述のスキャット即興のときのような，二和音を基調とするオスティナートの伴奏からは，音楽的出会いを体感させる連弾即興がいくつも生まれた。

　やがてこのふたつの演奏方法はしだいに合体し，私達は既成曲と即興の間を連続線上で行き来する連弾をするようになった。この一種の謎かけのような協同作業に，ケイと私の双方の心身のエネルギーは全開になり，ほとばしる感情が二人の距離を縮め，共演というよりも競演，同調というよりも対決といった様相を呈していった。こうした演奏の後には，ケイがあたかも感想を言うように私の顔をさわって声を出したり，ささやき声のジャルゴンで語りかけたりし，それに私もジャルゴンで返して，非言語的対話が続くこともあった。

<「ずらし」・「そらし」と無調即興……新しい関係のかたち>

　しかし，この頃からケイはアンサンブルにおいて，明らかに意識してずらしたりそらしたりしているのではないかと思われるような動きをすることが増えてきた。たとえばフロアタムでは，バチを箸のように逆手の力の入らない持ち方にしたり，リズムをコントロールできないバウンスにしたり，太鼓の縁ばかりをかすっていたり，太鼓に身体ごと覆いかぶさってしまったりもした。また

ピアノ連弾で私が演奏をやめても，まったく意に介する事なく激しく順次進行や連打を続行しているようなこともあった。それは，感覚遊びとも，自閉的退行とも，感情的抵抗とも判断しかねる様子で，それがいつ始まるのか，いつまで続くのか，そして何よりケイがその時間をどんな内面の経験をしているのかがつかみきれなかった。

　この悩みから，《無調即興》[脚注7]が生まれた。それまで私が自然に行っていた，ケイの出す音に対して寄り添うような演奏をやめ，「異なる居方を強烈に主張しながらつきまとう異端者」を表現してみたのである。和声による性格づけがない無調のユニゾンを不規則なアクセントをつけて延々と縫っていく，付点や休符を多用した不協和音の調べをぶつけてみるなど，和声からも旋律からもリズムからも，どこへ発展するのかがわからない音楽である。この音楽は，劇的なまでにケイの態度を変え，即座に耳をすましたり，笑ったり，演奏に熱が入ってくるなど，自発的に関係を開いてくる様子があった。障碍，音楽性，パーソナリティ，そしてあたかもポストモダンの音楽のような時代性までも，さまざまに考えさせられる発見であった。援助者としての私にとっては，新しい在り方の確立，いわばケイからの子離れのような演奏でもあった。

　＜オートハープとバラード……新しい自己へと自分を「許す」こと＞
　この時期，「音楽の『うつくしさ』が，ケイの頑なさを溶かす」というできごとがあった。もともとケイは新しい楽器に対して非常に慎重で，興味を抱いても回避することが多く，オートハープについても最初は同じだった。しかし，私がハープで和声進行の移り変わりを聞かせ，さらに弾きながらワイスWeiss, D.《好きにならずにいられない》[脚注8]を歌うと，ケイはそれに魅入られて聞き入り，自分も低く声を出し始めた。やがて，自分をまるごと音楽の波に委ねるようにして緊張の壁を低め（またぎ），ハープに接近することを自らに「許し」たのである。音楽で自分の世界の輪郭を主張し，守ることに終始してきたケイが，音楽によってそれを溶かし，新しい自己を獲得していくプロセ

脚注7）生野里花《無調即興》,鈴木悠仁編『音楽療法のためのオリジナル曲集　誰かの音がする』. 春秋社. 2010.
脚注8）原曲はマルティーニ Martini, J.《愛の喜び》とされる。

スであった。

4年生
＜パーカッション・スタンド……立位の安定と楽器の自由選択＞
　ケイは立位が安定してくるに従い，右手で自分を支える必要がなくなり，両手を自由に使えるようになった。また自分の意志のおもむくままに立ち上がることもできるようになった。それに従い，フロアタム，スリットドラム，シンバル，アゴゴウッド，ハンドチャイム，タンバリンなどが集まったパーカッション・スタンドの中に立って，自由に楽器を選びながら演奏できるようになった。「自分で選択している」という感覚と，「自分で立っている」という感覚がケイの中で新しい可能性を持って結びついたらしいことは，アンサンブルをするとひしひし伝わってきた。4年生の最終回には，パーカッション・スタンドとピアノで，ケイと私の関係の成熟を象徴するような17分のアンサンブル即興が生まれている。

＜ピアノ連弾即興……「親しさ，おなじみ」を前提とした新しいコミュニケーション＞
　この年のケイのピアノ連弾即興には，コミュニケーションの成長の片鱗が何度か顔をのぞかせた。たとえば，いつもの一本指の即興の途中に，突然平手でぴしゃぴしゃたたく奏法をして笑う，アンサンブルが次第に消え入るように終わった直後に，スフォルツァンド・フォルテで「キメ」の音を弾いて笑う，といったいたずら的な表現は，精神年齢や場への意識が育っている内面を感じさせた。

＜自己練習と他者からの援助の活用……自己の内外のリソースの統括＞
　4年生の12月，ケイは画期的な一歩を踏み出した。それは，自分で自分の音楽的目標を選び出して照準を定め，場にいる人も含めた自分の内外のリソースを統括して使おうとする行動を見せたことだった。ショパンChopin, F.の前奏曲「雨だれ」の低音部の八分音符連打が気に入ったケイは，これに打楽器で協演するために，傍らのアシスタントのバチの動きを見つめる，手を重ねる，

空中で自分のバチを振って練習するなどのうごきを始めた。これは，それまでの，感覚がスパークした音楽に飛びつき，引きずり込まれるように音を出す無邪気な態度と明らかに違っていた。

そもそもケイの認知世界の中には，意識するとできない，そしてできないことは自分の意識からも他人の意識からも葬り去りたいという，学習を阻むふたつの強いバネが内蔵されていた。たとえば，音楽に身をまかせて乗っているときには苦もなくできる楽器操作が，意識したとたんできなくなるという不可解な一面があり，また，できないことは急にランダムな動きに移行するなど，構造を破壊しようとする傾向があった。私から手を取られて教えられることはさらに嫌った。

しかしこの「雨だれ」の時は，違っていた。再現したい音をはっきりと意識して目標にし，自分の腕の振りがずれていくと，座る姿勢を立て直してみたり，片方の手でもう片方の手を持ってみたり，太鼓の表面に打点を押し付けて叩いてみたりという工夫をしながら，何度もやり直し続けた。そしてその不完全な姿をまわりにあけっぴろげにし，助けを求めながら「練習」につき合わせた。

この姿は私に強い印象を残した。自らの希望を意識し，それに伴う自らの弱さを受け入れ，信頼できる周囲の助けに開かれていること，そして自分の持っている身体的・認知的・感情的・社会的リソースを統合して自己調整しようとすること，これこそ「療法」というものが目指す本質なのではないかと感じたからである。

＜ケイの抱える苦しみへの気づき……「苦しみ」に「うつくしさ」で寄り添うこと＞

この頃，目に焼きついたできごとがもうひとつあった。《カリヨン》[脚注9]の2音のオスティナートのリズムに身体全体で惹かれながら，どうしても2本の音積み木の叩き方がわからなかったケイは，最初，執拗なまでに音積み木を視野から排除し，太鼓だけを陶酔的に楽しむ動作を繰り返した。しかしその合間

脚注9）臼井裕美子《カリヨン》．生野里花他編『音楽療法のためのオリジナル曲集　静かな森の大きな木』．春秋社．2002．

に，ときどきちらりと音積み木を垣間見たり，後ろ向きに近づいていったりすることがあるのに私は気づいた。それは，あたかも磁気を発する謎の物体を警戒しているような，予測不能な動きをする小動物に油断なく近づいていくような，鬼気迫る様子だった。

　こうしたケイを見るうちに，私は謎だったケイの内面についてひとつの仮説を得た。それは，ケイは耳から入る音楽への感受性が高いあまり，自分の出す音に自信が持てないのではないか，それは幼いときからずっとケイにとって「苦しみ」だったのではないか，そして意識的にか結果的にか，その苦しみを他者と分かち合うことなく，ひとりで抱え込んできたのではないか，ということだった。しかし音楽療法の場を安心できる場と納得した今，ケイは自らその苦しい領域のなかへ入っていったり，とどまって辛抱強く向き合ったり，通り抜けたりし始めたのではないか。

　重度の知的障碍と高度な音楽感受能力を併せ授かって生まれたケイの壮絶とも言える心境に気づいたときから，私はこのようなケイの苦しさを想像すること，理解すること，支えることを療法の大きな役割として意識するようになった。そして，他の場面においてもケイの動きが合理的に理解できないとき，不用意なアプローチをせず，謎にとどまったまま傍らに居る方法を創出するようになった。「作戦としてでなく，存在として」アクティブに対することの重要さを実感したからである。その際，最大の核となるのは音楽の「うつくしさ」

これらの写真は，セッションの雰囲気を伝えるために掲載した。掲載にあたってはご両親より「一人の人間として真摯に，目の前の音楽と関わろうとする娘の様子をそのまま見ていただくことが，正しい理解につながると考え，写真を公開することにためらいはありません」との同意を頂いた。

写真1　4年生の頃のケイ（撮影：小林洋）

であり，それがあればケイは自分で道を切り開いていくという確信も得るようになった。

<自立歩行……10才の夜明け>
　11月に10才を迎えたケイは，年が明けるとついに介助なしで自立歩行を始めた。これは，ケイの周囲のすべての人に歓び，感動，期待をもたらした。めったに感傷的な言葉を使わず，ケイと兄妹の世話や自分の人生を前向きに楽しんでいるようにみえる母親も，「長いようで短かったこの10年。でも何より，10年かけて一人で歩けるようになったケイに脱帽です」と述べている。
　ケイはそうした外野のプレッシャーに対してひとまず周到な抵抗の時期を経てから，ゆっくりと歩行を再開し，自分のものにしていった。

5年生
<リズムから定拍へ，弾くことから聴くことへ……思春期への入り口>
　「雨だれ」で見られたような，気に入った音楽の中の一番惹きつけられる要素を取り出して再現しようというケイの自発的な取り組みは，5年生になっても続いた。たとえばCDで聴いたグリーグ Grieg, E.「ペール・ギュント組曲」の中の《アラビアン・ダンス》に出てくる♩♪♪♩というリズムを追い求め，練習したり，タイミングを待ち構えて合わせようとしたりしていた。
　しかしこの頃から全般的な音楽の好みは，安定した拍感が全体を支配しているような音楽に傾いていった。ヘンデル Händel, G.《オンブラ・マイ・フ》やバッハ Bach, J.《平均律第1巻第9番前奏曲》，ギロック Gillock, W.《サラバンド》，メンデルスゾーン Mendelssohn, F.『無言歌集』より《甘い思い出》などの穏やかな拍感に浸るようにして太鼓を叩いたり聴き入ったりする様子は，3年生の頃のドラマチックな音楽をほとばしるような感性で捉えていた様子とは明らかに異なっていた。また拍感をノリではなく，深く味わうように叩いていることが印象的だった。
　さらに，この頃からケイはピアノを弾きまくることより，聴くことの方に多く時間をさくようになっていった。それが母親にも私にも一抹の寂しさを感じさせたことは否めないが，ピアノに「取り込まれてしまう」のでなく，ピアノ

を「自分で出入りできる選択肢」とできたケイには，行動全般に視野の広さが生まれ，大人びたような印象があった。

<《歓びの歌》……アイデンティティの表現>
　ケイ自らピアノを弾くときには，ベートーヴェン Beethoven, L.《歓びの歌》への固執が強かった。この曲はごく初期から鍵盤上で旋律を追うレパートリーであったが，この時期非常に多く弾くようになり，私がどんな曲を使っていてもいつの間にかケイが《歓びの歌》に収束していくといっても過言ではなかった。それは，成長の不安定さの中において「私はこうです」という自己アイデンティティを映し出す曲になっているようにも感じられた。

<《ドレミの歌》……コーダの確認と表現>
　ロジャース Rodgers, R.《ドレミの歌》もお決まりのレパートリーだった。とくに最後に出てくる上行・下行音階とコーダの $V_7 - I$ 和声進行を執着的に好み，大きな身体パフォーマンスで繰り返した。それまではどのような曲でも，終わりを回避するように急いで中間部に戻ろうとしたり，境界線なく延々と弾くことが多かったケイに，「始まりと終わり」という観念が明確になった時期であった。

<《ゴリラのマチルダ》……初歩的な歌遊びへの開眼>
　同じ頃，《ゴリラのマチルダ》[脚注10] という発声訓練の歌をギターで演奏してもらうことにも夢中になり，ケイは私に向かって声を出しては，同じ発音で応答してもらうことを求めた。
　《ドレミの歌》も《ゴリラのマチルダ》も，それまで複雑で洗練された構造の音楽の世界に遊んでいたケイとは大きく路線が異なり，それがさらに「コー

脚注10）　水野明子《ゴリラのマチルダ》，未出版。ゴリラの笑い声「ハ，ハ…，ヒ，ヒ…，フ，フ…，ヘ，ヘ…，ホ，ホ…」の発音で息を吐き切る練習をする歌で，もともと喘息の子供のために作られた。

脚注11）　臼井裕美子《クリモカベル》，生野里花他編，『音楽療法のためのオリジナル曲集　静かな森の大きな木』．春秋社．2002．

ダごっこ」や「発声ごっこ」という初歩的な音楽遊びと結びついたことに，私は目を見張らされた。これは，「定拍をていねいに打つ」という前述の新しい傾向とも並んで，ケイが飛び越してきた初歩の発達段階に，今，向き合い始めたのかもしれないという印象を受けた。

　<《クリモカベル》の自由即興……ケイの望まない活動の拒否>
　音積み木が気になりながら，たたき方がわからないために手を出せないでいるらしいケイを，もっと楽に音積み木と向き合わせてやりたいと考え，《クリモカベル》[脚注11]を使ったことがあった。この曲は，五音階音列をランダムに叩けば音楽が成立するように作曲されており，構造的要求度を下げたことでケイが自信を持ち積極的になれることを期待したのである。しかしケイは，曲想は明らかに好みに合っていたにもかかわらず，これをやらなかった。このとき気づいたのは，「どこでどの音が鳴ってもきれいだね」という音楽をケイは求めていなかったので，やろうとしなかったということである。ケイはおそらく，自分の頭の中に聞こえている「知っている曲」の旋律をそのとおりに再現したかったのである。ケイが療法活動の枠組み自体を自分で決めようとしていることが，私にはさらに実感された。

　<周期的な閉じこもりと儀式……自閉的傾向の強まり>
　この時期から，それまで垣間見せていた自閉的傾向が強まってきた。巧みに私に背を向けるポジションを取り，強くロッキングしながら聞くことに入り込んだり，ギターをコンピュータのようにメカニックに弾くときなどには，「自閉的傾向」がケイのパーソナリティを席巻してしまっているような危惧すら感じた。しかしこうした自閉的な行為，すなわち活動の随所でふと関係を断ち切って後ろを向く，違う行為を始める，儀式的行為などによって周期的に自分の世界に入り込むなどが，ケイのスタイルとして定着してきたことは認めざるを得なかった。幼いときのように目を見張るような即興をしたり，炸裂する光のように音楽を遊ぶ姿が減ったセッションに，ケイの音楽好きを深く尊重し，支援してきた母親は戸惑って「なんかどうしていいかわからないで終っちゃう」とコメントしている。母親は，家庭でも生活パターンへのこだわりが強まって

きたことに，苦労していた。

　＜宙ぶらりんの世界にとどまること……成長への選択＞
　しかし母親はこの時期のケイの変化を，自立歩行と関連づけて，「立ち上がってみたら世界があった」，「音楽だけじゃなくなった」という前向きな表現もしている。ケイの自閉傾向は自立歩行による知的世界の発展に伴って顕現化したのかもしれないという感覚は，場にいる3人（母親，私，アシスタント）の共通したものだった。これまではすべてがごちゃっと一緒にうずくまっていたような認知世界だったものが，視野の広がりを得たとき，「自閉的世界」もひとつの認識アイテムとしてアクティブに起動し始めたかのように私には感じられた。
　ケイはある所までがんばると，ふと自閉世界へ出かけていくが，戻ってくることも多いので，私はまず自閉的世界への「出張を見送る」ことを覚えた。そのように受け入れてから改めて見直すと，さらに，ケイには完全に自閉的でも完全に開かれてもいない，名前のつけようのない長い時間があることに気づいた。それが「宙ぶらりんの境目の世界」である。たとえば，前述したメカニックなギター演奏のようなときのケイは，古い習慣遊びの自閉世界の中に埋没しており，その瞬間は迷いや恐れがない。しかし，この「宙ぶらりんの境目の世界」に留まるときは，ギターを目の前にしてどうしても弦に手を触れることができず，手を上げたまま固まっていたり，しげしげと眺めて何をするのだったか思い出そうとしていたり，どうにも進めない思いをうなり声にしていたりする。そして傍目からは実に長い行きつ戻りつをしながら，一歩一歩自発的な演奏に近づいていくのである。
　ケイはこの「宙ぶらりんの境目にとどまる」という新しい世界を，自閉世界が強くなってきたと同時に自ら築いたように見えた。そして，自分の心に響く音楽という光を頼りに，自閉的世界の習慣遊びと新しい挑戦との境目を必死にかき進もうとしているようだった。それはケイにとって決して楽な道ではないだろうが，そちらが自分にとって進む方向であることがわかっていて，わざわざ苦しい世界にとどまるのだろうと見てとれた。
　私はこうした名前のつけられない時間を，「押すのでも引くのでもなくいっ

しょにたゆたう」,「抱きとめるのでなく，空気をふんわりと含んださりげない包み方をする」居方を会得していった。それは，「待つ」ことでさえない，「なんとなくいっしょに居る」といった，甚だ緩い，アジア的な性質のものだった。

6年生
＜歩行の安定と自在なうごき……場における言語的思考プロセスとしての自発行為の連鎖＞

小学校最終学年になると，ケイは座位，立位を自在に使い，したいことやほしいものに向かって立体的に迅速にうごくようになった。慣れた手つきでてきぱきと楽器やバチを取り替える，行きたいところへ，あるいは逆に何かを避けるために移動する，腰でリズムをタッピングしながら音積み木を眺め，少しずつ叩くことへと移っていくといった様子は，行為することが言語や言語的思考を代行し始めたのだという印象を受けた。こうした変化は，後述する「場のあたたまり」に付随し，ケイがこの部屋と人々をひとつの場，あるいは文化として消化し，活用するようになった結果生まれたと言えよう。

ピアノに対しては，いすから降りる，床にすわったまま手を伸ばして鍵盤を触る，歩いてきて素通りする，さわって戻っていく，ふたをしめる，フロアと行き来する，弾きながら身体を外へ向けている，ピアノへ「ううう」とだけ言いに来るなど，自在な付き合い方をした。まるで母親に距離を取り始める思春期の女の子のように，居てくれることは当然視しておきながら自分なりの関係を模索しているようだった。

＜「ボレロ」……ケイの音楽構造の捉え方＞

6年生のケイにとって大切な曲となったのは，まず《ボレロ》[脚注12]であった。特徴的なオスティナートリズム，│♩ ♩ ♪ ♪│♩ ♩ ♬│の♬に心を捉えられ，Th. やアシスタントの手を持って何度も練習した。これはケイの

脚注12） Levin, H&G "Bolero", *Symphonics R Us!*. Barcelona Publishers. 2006.
脚注13） 高山仁《ドレミファソング》,『「生きる力」をはぐくむ音楽活動 みんなで音楽』. 音楽之友社. 2011.

コーディネーションを超えるもので，ついに通常の叩き方では会得することはできなかったが，バチの握りを弱くしてバチをはずませることで似た音を出す実験を重ねているケイに驚かされた。3年生の頃には「自閉的」としか見えなかった「バウンス」を活用していたからである。そうまでしてこのリズムのタイミングめがけて身構えている様子は，たとえて言うなら，スキー初心者が動いているリフトを凝視し，身体のリズムを合わせて飛び乗るときのようで，自意識を忘れた懸命さがあった。

またこの曲の休符やトレモロが組み込まれたドラマチックなコーダにも惹きつけられ，「キメ」の音を待ち構えていて太鼓をたたいては，笑い声を立てた。さらに，曲が終わってから，このコーダ・フレーズの音楽的ストーリーを再現しようとしたと見られる一人演奏を太鼓でしてみせたこともあった。そこには「ケイにはこのコーダがこういう風に聞こえていて，ここが面白いのか」ということが表現されていた。こうした音楽行為によって，その内面にケイが捉えている音楽の世界が少しずつ明かされ，コミュニケーションされてくるのが，私にとって大変興味深かった。

＜《ドレミファソング》……ケイの内側から歌いかけること＞

《ドレミファソング》[脚注13]もこの時期のテーマ曲であった。この曲は，ド・ソ間の音階の登り下りという繰り返すパターン，和声によって物語のように変化してい深い情感，安心して身をまかせられる拍感，ゆったりしたテンポが特徴的である。ケイはその「うつくしさ」に強く捉えられ，聴くこと，歌うこと，音積み木，太鼓，ピアノなど多角的に活動が展開した。この曲を一緒に演奏しているとき，私は療法士としてケイの外側ではなく，内側から歌いかけているというような新しい感覚を経験した。

＜フロアでの声と楽器のやりとり……場を仕切りながら参加すること＞

5年生に続き6年生ではさらに，いわゆる「原初的」な活動として，フロアでの打楽器，ギター，声を使った即興やりとりがさかんになった。具体的には，打楽器による単音やフレーズのやりとり，ケイのたたくビートに私やアシスタントがサブリズムを入れる合奏，さらに，ケイの発するいくつかの得意な発声

パターン（ハ，ハイ，キュ，パ，ポン，ドゥン，ウタウタなど）を，私が楽器の音を出しながら模倣して返すことを非常に喜んだ。

1〜2年生の頃に試みたフロア即興と違うところは，ケイが場のものや人を統括する主体となり，いわば「牛耳って」いる点であった。たとえば私とアシスタントがフロアで打楽器を演奏していると，ケイはそっとピアノへ進んでいって自分がピアノの役を埋めておかしそうに笑う，というようなことがあった。また，ふたりの大人にたたくべき楽器をクレーン操作で指示し，自分はロッキングして聞く役にまわったり，要所だけ自分も少し音を出してみたり，と自在に仕切る様子は，あたかもバロック合奏のソリスト兼指揮者といった様子だった。

＜ケイの音楽スタイルの流動性への気づき……場のあたたまり＞

この頃になって，私はこうした「流動的な音楽スタイル」をケイの特徴として受け止めるようになった。それまで，ケイの突出した音楽への関心と能力を知っている私と母親はどこかで，「ここまでわかっているのだから，この楽器があのように弾けるはずだ，なのになぜ他のことに移っていくのか」といった発想に陥りがちだった。しかしケイの音楽の取り込み方は我々の考えるような境界線のある段階構造とは違っており，「じっと聴き入る」，「ロッキングしながら聴く」，「拍感を合わせて楽器を演奏する」，「拍感をずらして感覚遊びをしながら楽器の音を出す」，「活動の中心の場を回避して移動する」，「周囲の人の手をコントロールして演奏させる」といったことを，流動的に自由に行き来することが本来の姿らしかった。それを正面から認めるということは，私にとっても母親にとっても発想の転換だった。

ヒントになったのは学校見学で目にした様子で，ケイは先生が読んでくれている絵本に耳を傾け，反応しながらも，横のグループが聞いているオーディオの歌も口ずさんでいるのに驚かされた。またセッションでも，私に手を持たれてピアノでメロディを弾いている右手をしっかり見つめ聞きながら，左手でまったく違う順次進行のパターン弾きを始めることがあった。ケイの世界では，我々には容易に理解できないようなかたちで，違うものが境界なく共存できるのかもしれない，という直観を得たとき，「なぜ，さっきまでリズムをたたい

ていたのに，急にやめて後ろを向くのか」，「後ろを向いたから私も曲を終えたのに，終わったとたん楽器を叩き始めるのはなぜか」，「なぜ私たちだけに音を出させて聞こうとし，自分はやらないのか」という疑問自体が，私の側の「こだわり」であることに気づかされた。

そこから私自身を解放したとき，音楽療法の場は一気にあたたまりを見せたように感じられた。ケイも私も安心して穏やかに，関係や場を生きることができるようになったのである。外見上は似たような自閉行動の混じった活動風景でも，「場があたたまる」と，体験の質が異なってくる。たとえば，フロアで声のやりとり即興をしている間もケイは自閉的な行動をたくさんするので，客観的にはいわゆる明確な「声のやりとり」と切り取れる活動にはならない。しかし場があたたまっていると，ある瞬間から自閉的行動の方が背景となり，やりとりの方が前景になっていることを私もケイも感じている，そんな感覚があった。成長は，「Th. の指示と Cl. の反応」としてではなく，「Th. と Cl. の間」に生まれることを感じた一瞬だった。

＜普段着の人間のぶつかり合い……葛藤が生み出すもの＞
このようにあたたまった場の中で私はかえって，音楽のみならず行為においても直接的にケイとぶつかる余裕を得た。たとえば，ケイのほしいものが脈絡からわかってもすぐに出さず，移行プロセスの時間を最大限にとってみる，ケイが押し通そうとする自閉的な儀式を，こちらも力ずくでだだだだ拒否してみる，私とアシスタントだけに楽器をたたかせて自分は常同的ロッキングを始めるケイに「ケイちゃんの音が聞こえませーん」と言葉で抗議してみる，といったことである。いわば，対等な普段着の人間同士としての具体的な摩擦シーンを創り出すことができるようになったのである。こうしたとき，ケイは怒ってうなり続けることもあったし，不意を突かれたかのように意外にすなおに歩み寄ることもあった。

印象深く感じたのは，あたたまった場の中においては，ケイの中に起こるこうした葛藤のエネルギーが，当面の葛藤の対象でなく，他のやりとり活動へのエネルギーに転用されたかに見えた場面がいくつかあったことである。たとえば，ケイは私にギターで《ゴリラのマチルダ》を歌ってほしいのに，私があく

までも声のやり取り即興をし続け，怒ったケイのうなり声までギターで真似て返したりしていると，ケイは沸騰した葛藤のエネルギーを転用し，突然やりとり即興の新しい発声パターンを編み出してくるようなことがあった。

＜不調なときのケイ……「すこやかさ」のスポットを自ら探す術としての音楽活動＞
　重度の知的障碍，強まる自閉的傾向と共に生きるケイにとって，成長とは何か。それを深く考えさせられる興味深いセッションがこの時期にあった。それは，ケイが白内障の定期健診のために半日がかりの通院をしてから疲労した状態で音楽療法へやってきた日のことである。こうしたときのケイは，不快感をうなり声や支配的な要求として出し続けたり，常同行動に閉じこもって聴き続けようとすることが容易に想定でき，私もそのつもりで準備していた。ところがその日のケイは意外にも音楽の中での頑なさがなく，かえって柔軟に音楽に身を預けるようにして自分の立ち位置を決めていった。ひとつひとつの行動が，いつものようなこだわりの自己実現ではなく，脱力してこの場所の中に自分を明け渡し，音楽という支えによりかかりながら，自分で自分の「すこやかさ」[脚注14]のスポットを探す姿勢を取っているように感じられた。その中では，音積み木を《ドレミファソング》に合わせてたたくという，普段は気になりすぎて回避してしまうことさえ，軽やかに達成されていた。
　私が「疲れているのに」と課題に向き合わせることを危惧したのに対し，ケイは「疲れているからこそ」それを必死で求めたように見えた。無論，疲れのために集中は持続せず，動きがしばしば止まってしまったが，そこからまた再挑戦を繰り返す姿は非常に印象的だった。
　ケイは「すこやか」に生きるために，音楽を必要としている。この見るからに当たり前な音楽療法の概念が，ケイにはとっくに会得されており，彼女は自分の癒しの枠組みとして音楽を自在に使っているらしかった。その過程で

脚注14）この症例で言う「すこやかさ」とは，身体的，認知的，情緒的，社会的側面，及び環境との関係性を含めた「本人の現実的生きやすさ」を指しており，それは，彼女の全体的な在り方から孤立したかたちで短期に設定された目標としての発達課題の達成や，非定型的行動の減少を必ずしも意味しない。

は，音積み木への抵抗もかくも軽々と乗り越えて，取り組もうとする。そうしてみると，音楽療法士がこうした音楽課題を「できた，できない」の方向性に置くこと自体，極めて不自然に思われた。ケイは，進んでいる方向，速度，道筋において，我々の思惑とは別のところで，独自のやり方を知っているのであり，私たちはそれを端から援助しているのに過ぎないという位置関係を再確認するできごとだった。

臨床的テーマについての考察

1. Cl. の音楽への渇望と「取り込み」に対する応え方

母親は，Cl. のことを「朝，目を覚ました瞬間から夜眠りに落ちるまで，常に音楽を探しているようだ」と表現したが，音楽療法でもCl. の一挙一動に音楽への貪欲な期待がひしひしと感じられ，Th. にはその都度それに応える以外の選択の余地はなかった。Cl. は音楽を「取り込む」必要があり，その渇望はとどまるところを知らなかった。

しかし6年間を俯瞰してみるとCl. の音楽の「取り込み方」にはいろいろな種類がある。強く食いつくように音を取り込む，陶酔的に文字通り身震いしながら音を身体全体で生きる，ロッキングしながらいたわられるように音を呼吸する，音楽を聞くというよりも閉鎖的世界へ赴くための燃料にする，逆に頑なさの塀を自ら音楽で融かす，音環境を調整操作しながら聴くといった方法が，移行したり，重なったり，戻ったりしながら続いていった。

こうしたさまざまな聴き方を，Th. は言語を持たないCl. からの発信として受け取り，選曲や演奏法で手探りしつつ返信した。音楽の好みは月日とともに緩やかに変化していったが，Cl. とTh. の間でレパートリーとして積み重なり，後半には療法的ニーズに応じて対話のようにそのレパートリーを使うことができるようになった。その詳細をここに記す紙数はないが，重要なのは，どの曲のどの使い方も「このCl. とTh. の関係」という特定のコンテクストにおいて意味を持ち，対話の媒体になり得たということである。

Cl. の音楽への渇望と取り込み方の様態を「コミュニケーション」のひとつとしてTh. が繊細に理解し，多様なかたちで応えることによって，それが療法

としての意味を持ったと言えよう。

2. 拍の体感が意味したもの

　一般的な音楽療法と同様，Cl. が心地良い拍感に自然に乗ることで，Th. との共演＝協同作業に至るという療法の道筋はごく初期からよく使われた。一方で，拍感は Th. にとって警戒要素でもあった。この Cl. は，激しい縦揺れをするなど，拍感を自己刺激として自閉的世界に入っていくように思えることも多かったからである。そうしたときは，拍数を Th. の方で伸縮したり，不規則な休符やアクセントを用いたりする即興を試みて，「自閉的構造の箱」の柱となっている拍感を崩そうとした。また，拍感は活かしながら，アシスタントが Cl. の身体と直接触れ合うムーブメントを行って他者との関係への気づきを促したり，ハープ伴奏によるバラードの歌いかけによって身体と気持ちの過興奮を緩めるといった試みは，「自閉的構造の箱」の角を丸くしていくようなはたらきがあった。

　高学年になってからの Cl. は，そうした本能的・自己刺激的な方法ではない，意識的な拍の打ち方に没頭するようになった。身体を激しく動かすと自らの正確な演奏を妨げられることに気づいて，調整する場面もあった。この，いわば「拍との出会い直し」は，思春期に入る年齢において，Cl. が内面的に必要とする支えだったのかもしれない。

　このように，音楽療法の基本的な媒体である「拍」の体感をめぐって，さまざまな療法的局面が展開したことは興味深い。

3. 日常会話の疑似経験としての即興合奏

　この Cl. は，もともと自由に音楽を創ることよりも，耳の奥に記憶されている既成の音楽を探る衝動の方が強かったため，即興活動では Th. が主導することが多かった。たとえば，Th. の即興の中に Cl. の断片的な音を模倣・構成して返したり，Cl. の即興のキャンバスとなる伴奏を弾くなどして，少しずつ即興合奏に誘っていった。Cl. にとってみると，それは音でからんでくる Th. との遊びであり，遊びたいときもあれば，遊びたくないときもあった。Th. の療法的視点からみると，即興合奏によって，呼びかけ，重なり，要求，挑戦，励

まし，謎かけ，暗示，共感，冒険，圧倒，対決，祝福，笑い飛ばし，終わり，始まり……といった，日常的な会話の経験を積むことこそが，Cl. のニーズであり，瞬間瞬間の「関係」が即興のメイン・テーマであったといえよう。

4. コミュニケーションのそだち

　一方，Cl. の音楽外でのコミュニケーション方法も多様化していった。たとえば，①クレーン現象的な身体動作による要求，②「ううううう」といういらだちを伝える声，③作り笑顔による要求，④「ううううう」が，期待，興奮，要求など，いらだち以外の意味に転用されるバリエーション，⑤「ふふふ」という笑い声のパターンが満足，促しなど，発話として転用されるバリエーション，⑥弾かれた音楽に共感するとき，一瞬振り返ってなんらかの表情を作って見せること，⑦「お，ね，が，い」という言葉，⑧やりたい，あるいはやってほしいことの手順を自分でしてみせることなどである。

　こうしたコミュニケーションの外面的発達は，コミュニケーションという行為自体の理解と意欲の成長が基盤になって実現したと考えられるが，そこにはふたつの土壌が考えられる。第一に，上記のような即興合奏の経験や，心を動かされた音楽活動後の発声やジャルゴンによる非言語的対話などで，「やりとり」の型が培われたこと，第二に，「音楽療法領域への考察」に述べるように，Cl. 自身が音楽療法の「場と文化」を 6 年間にわたって育てる一翼を担ったことにより，他者との関係を自分の一部として内側から体験したことである。

5. 「療法課題」の拒否をどう受けとるか

　「課題を提示するとやらない」というこの Cl. の傾向は，音楽療法以外の場所でもたびたび指摘され，中には「できるのにやる気を出さない」，「わがまま」と言い切る専門職のコメントも耳にした。また，学校ではできている身辺自立行動でさえ音楽療法ではやろうとせず，見方によっては退行している Cl. をどう捉えるべきかという問題は，常に Th. の頭の隅にあった。しかし，母親と Th. の間には次第に，「これは退行ではなく，Cl. は場所によって行為を変えているのであり，音楽療法の場は Cl. にとって学校と違う場であってよい」というコンセンサスが育ち，それに伴って課題的活動も療法の焦点からは

ずれていった。

　6年間を俯瞰すると，提示された音積み木を回避しつつ後ろ向きに近づいていくときの覚悟のようなもの，与えられるのではなく自分で課題を作り出して取り組んだときの成熟した姿，心身の癒しが必要なときには音楽に自分を明け渡す自在さ，課題の難度が下がっても求める音でなければやらなかった意志堅固さなどは，このCl.の「課題」に関する込み入った内面を暗示している。そこには「課題だから嫌がる」とか「挑戦を回避して退行する」という単純な問題にとどまらない，ふたつの根源的な背景が浮かび上がる。第一に「自信がなく，過度なまでに慎重なこと」，そして第二に「自分の中に組み込まれた道筋でしか成長できないこと」であるが，どちらも，生まれつきこのCl.の中にできあがっている雛形であり，Cl.自身もそれを変更することはできないように見える。そして援助者がその雛形と違う働きかけをすれば，Cl.は動きが取れなくなるというだけのことであるのに，「課題を拒否する」という考え方を作り上げてしまうのは，援助者という役割による転移的心理ではないのかとも考えさせられた。

6. 自閉性，閉鎖性との援助的関わり方

　Cl.にはごく初期から自閉的な要素はあったが，それは重度の知的障碍によるものとも，突出した音楽的感性の高さによるものとも考えられた。しかし3年生ごろから出現した合奏の中の「ずらし，そらし」は，4年生ごろから周期的な自閉的世界への「出張」に姿を変え，明確にスタイル化していった。これが頻繁になると，あたかもアクセルを踏みながらいちいちブレーキを引くような行為となり，Cl.も周囲の人間も多大なエネルギーを使った。5年生ごろからは，演奏より聴くことへの傾倒も加わり，さらに自閉的な印象が強まった。

　ダウン症と自閉症スペクトラム障碍を併せ持つ症例があることは知られてきているが，このCl.もその可能性はあったと思われる。音楽的感性の高さと認知発達の低さというアンバランスも，自閉症スペクトラム特有の関心の偏りや能力のばらつきと呼応するものかもしれない。音楽に乗っているときはできることが，あらためて意識するとできないという能力のばらつきには，Cl.本人が途方に暮れるような様子があり，苦しそうだった。

しかしそれでも Cl. は自分の望む音楽への挑戦をやめることがなかった。言い換えるなら，音楽がある限り自閉的な世界に完全に支配されることがなく，かえってその特徴である集中力を使って，方向性が分裂した宙ぶらりんの苦しい世界をも歩き抜こうとした。そして長い年月をかけて，安心感，場への理解や信頼，妥協などの社会的な振る舞い，こだわりを脱皮した音楽上の表現などを創り出していった。それは，自閉性を克服するというのではなく，自閉的な行動やこだわりの世界は相変わらず強いまま，その上部に自分で成長の道筋を築いていったように思われる。

　こうした経過から Cl. を援助する方法として Th. が学んでいったのは，Cl. が自閉症スペクトラムであるかどうかを判定したり，その自閉的表出行動を矯正することではなく，特徴を特徴として理解し，その世界を生きる心情や生きにくさに共感した上で支えることであった。これは，この Cl. のようにいくつもの障碍特性や性質，能力が入り組んで独自的な人物像を見せている場合には，とくに有効なアプローチと思われる。

7．Th. の立ち位置と，音楽の「うつくしさ」

　Cl. の音楽的素質の高さは，どんな音楽療法士にも一旦は，「音楽を動機づけとして発達訓練を施す」という公式を想起させるだろう。そうした試み，すなわち「音楽に乗せてやらせる」，「治療構造に乗らないときは音楽を止める」，「音楽的に満足できるよう音を補充して喜ばせることから，次第に課題達成に導く」といった方法は，本症例でもある程度成功したが，全体的には失速していった。

　Th. のアプローチの転換の転機となったのは，無調即興の意外な受け入れられ方や，自発的な拍打ち練習などからの洞察である。これらの活動で明らかになったのは，この Cl. にとって音楽は，一般的な意味での動機づけや気楽な楽しみではなく，重大事件，生きることそのものであるということだった。言い換えれば，Cl. は音楽に関して彼女にしか闘えない困難や彼女にしか勝ち取れない歓びに，自らの必要性から立ち向かっていた。Th. は，その Cl. の闘いを尊重し，応援するための音楽アプローチを開拓する方向に転換していった。いわば，「困難」の状況を外側から変えようとするのではなく，全力で Cl. を理

解して，その行為の傍らに居ようとする方法であった。
　また，このCl.が自閉性を含めて独自の開花の手順に強く定められていることがTh.の腑に落ちてからは，それを受け入れる姿勢が明確になった。具体的には「自閉的世界の必要性」，「長い模索の時間」，「流動的な音楽体験形態」などを負の行為として受けとるのではなく，完全には理解できないなりに積極的に認めるようになった。これは双方を楽にして関係を穏やかにし，場があたたまった。
　このようなTh.の居方は，Cl.の不適応行動を放置し，「甘やか」し，成長の機会を逸するということとは異なる。Cl.がその自閉的障碍特性から，自らの成り立ちや希望を行動で提示することはできても，Th.が提案することを受け取ることが難しいのならば，Th.の方がCl.の主張を聞くことでしか向き合う方法はないという単純な事実を受け入れたにすぎない。向き合う場が成立して初めて，療法が根を張り，成長が起きるからである。
　こうしたすべての関わり方の中で，音楽の「うつくしさ」が決定的な力を持っていた。ここで言う「うつくしさ」とは，芸術的に雄弁であることのほかに，Cl.の中にある「すこやかさ」（註14参照）を「慈しむ」演奏がされている音楽を指す。それは「音芸術とCl.の存在というふたつの根から一本の幹が育ったようなかたちの音楽」と言い換えることもできよう。こうした音楽で傍らに「居て」やると，Cl.は時間をかけて自分で療法構造を創り出していくようにみえた。

8. Cl.の「すこやかさ」を洞察すること

　「すこやかさ」とは，「障碍の向こう側に透けて見えるその人の生の風貌」と言い換えられると筆者は考える。この風貌は，とくに共に音楽をすることによって，具体的・直接的に感じ取ることができる。Th.の目に映ったCl.の生の風貌は，以下のように移り変わっていった。まず1年生の頃は，その壊れやすそうな閉じた身体の中に音楽の希求への鋭さが際立っていた。2年生の頃は，その希求がほとばしるような激しさと強さを伴い始め，いきいきとしていた。3年生の頃には，急に活発でのびやかな少女の面影を見せるようになった。4年生になると，成長したいという力強さに，慎重さや賢さが備わってきた。5

年生の頃は模索しつつも苦しみにとどまる覚悟のようなものが感じられた。6年生になると，身体の成長とも相まって，意欲と存在感，思春期女子のけだるさが貫録を伴って迫ってきた。

　Th. は，音楽活動を通してそのときそのときの Cl. が持っていた独自的な「すこやかさ」と対話することによって，療法的方向性を見いだしていったとも言えよう。

9. 関係としての「場」の活性化

　5-6年目ごろから明確に現われたのは，Cl. が音楽療法の活動，人間関係，場そのものを彼女なりの何らかの統合的な方法で把握し，理解し，意図的に何かをしてくることだった。もちろん，アシスタントの手を無理にひっぱってタンバリンを叩かせ，その手の向きをまるで機械を調整するように直し，ロッキングして聞き入る操作的な様子は一見，甚だ自閉的である。そしてそれは，1年生の頃の，切り離された操縦室から信号を送って音楽を起こそうとしたような無機質さと通底するものがある。しかし，その目配りや音の聴き方が，点や線でなく「面」に依って立っており，温度を感じさせるようになった。それはTh. の中に信頼感を呼び起こし，新たに挑戦的な療法アプローチを試みる力にもなった。このようにして Th.，Cl. の双方から支えられることにより，「場」はさらに活性化した。

　この「場」とは，1年生からの毎回のセッションの共時的なやりとり＝対話が，6年間にわたり通時的に積み重なって，ふたりの間に育っていったものである。やりとり＝対話とは，実のところ，「うまくいかないでこぼこの連鎖」にほかならない。つまり，わからない，思うようにならない，伝わらない，違和感がある，それでも顔を付き合わせてキャッチボールを続けながら時間を過ごすということである。6年かけて，このやりとりをすることにより，お互いを具体的に生きる「場」が育っていったと言えよう。

音楽療法領域への考察

1. 療法的介入について

　音楽療法には，目標や介入方法があらかじめ明確にできない症例が存在する。こうした場合には，まず Cl. の世界を繰り広げること，否定せずに観ること，歩み寄って共通の場を作ることが最初の重要なステップとなる。障碍の表面的理解だけで Th. が先に手順や目標を計画することは無意味であり，まず「関係」を築き，そこを共に生きることによってしか療法は進行しない。

　本症例の場合は，障碍の重篤さと重複，音楽への特殊な感性といった状況の直接の要因となって，こうしたアプローチが必然的に導き出された。しかしこれは，音楽療法全般における介入について，示唆するものがあるのではないだろうか。

2. 療法設定における「独自的な場」の誕生と「文化」の形成

　クローズドで親密な関係の療法設定は，時間の経過とともに，その参加者たちに独自的な「場」を生み出し，さらに「文化」を形成する。すなわち，1回1回のセッションで不同意や同意をすりあわせる共時的な対話も療法的意味を持つが，共時的対話が通時的プロセスの年月を経て「場」，「文化」にまで育ったときとき，それは Cl. にとってもうひとつの療法的リソースとなり得る。

　特定の Cl. と特定の Th. が独自的な「場」や「文化」を創成することを，音楽療法は積極的に視野に入れるべきではないだろうか。

3. 療法の方向性を Cl. が選択すること

　本症例には，「発達年齢に照らして何かができるようになる」という他律的目的を設定し，音楽を使って導くというアプローチはそぐわなかった。しかし，Th. と音楽を共に生きることによって，ゆるやかに，「本人が生きたい方向へ生きるために，自分とまわりを使い始めること」という Cl. の自発的アクションが形成されていった。その「生きたい方向」は，Cl. の発達のベクトル上にあるいくつかの中から，Cl. によって自律的に選びとられたものである。

このような成長への揺籃を「関係」というものの中に自然なかたちで作ることができるのは、音楽に独自的な機能ではないだろうか。

4. 音楽の位置づけ

本症例においては、音楽に関連する Cl. のすべての具体的な行為が、そのまま彼女の生きている様の象徴であり、表現であった。Th. は、ふたりの間に行き交う音楽を対話の媒体 vehicle として蓄積することで場を作った。また Cl. は、音楽を自らの「すこやか」な在り方のために使う方法を自発的に開拓していった。

このように、音楽が「道具」や「刺激」ではなく、生きる時間そのものであるというのは、本症例のような Cl. に特殊な現象だろうか。筆者はむしろ、音楽療法士というものは専門職として、音楽のそうした可能性を追求し、提示でき、応じられる責任を負っていると考える。

5.「生きることの苦しさ」をはさんで向き合うこと

この Cl. は、音楽に陶酔して自らを慰めることから、音楽を支えに敢えて苦しいプロセスへ踏み込んでいくことまでを両極とした広い音楽の世界を生きているが、いずれにしても、音楽はこの Cl. の「生きることの苦しさ」と直結したきわどさを持っていた。ここでいう「生きることの苦しさ」は、障碍児だから負っているといった性質のものではなく、人間が普遍的に持っている生きるためのもがき、真剣さのようなものである。よって、Th. も Cl. の苦しさを肩代わりしたり軽減したりする立場にはなく、この「苦しさ」をはさんで、対等に向き合うこととなった。

こうした療法において、「苦しさ」は切除するべき病巣ではなく成長の芽吹く場所であり、Th. は「懸命に傍らに居ること」と「Cl. の在り方と音とから成る『うつくしさ』を創りだすこと」で、そこに参加する存在となる。

おわりに

本研究は、独自的な性質をもったひとりの子どもが、あるひとつの場所で過

ごした狭い世界のできごとを，ひとりの療法士の目から描いたものである。よって，いわゆる効果や方法を結論づけるものではなく，見方によっては，療法士が模索しながら螺旋状の階段を上り下りした個人的記録にすぎない。しかし，今日の音楽療法領域の発展を充実したものにするためには，音楽療法士のそうした日常の経験こそ，最もさかんに研究されなければならないものであると筆者は考える。音楽療法とは何であり，どのような利益をもたらし得るのかを世に向かって語るのは，そうした研究が積み上がってからではないだろうか。

なお，本稿が執筆された後，同じ症例について，以下のふたつの研究が発表されているので参照されたい。

IKUNO, Rika（生野，里花）: A Perspective on meaningful aspects of long-term music therapy practice with a child with profound developmental delays（英語版）.『重度知的障碍児との長期にわたる音楽療法セッションにおける"意味深さの経験"に関する考察』(日本語版). *Voices: A World Forum for Music Therapy*, vol. 13 (2), 2013. https://voices.no/index.php/voices/article/view/724

山本（生野），里花：音楽による共生〜音楽療法場面の分析解釈から〜. お茶の水女子大学人間文化創成科学研究科比較社会文化学専攻 博士（人文科学）学位論文，2015.

第2章
〈表現〉を支える環境をつくる
副腎白質ジストロフィーを患う少年の事例

三宅　博子

はじめに

　本章では，進行性の神経疾患のひとつ，副腎白質ジストロフィー Adrenoleukodystrophy：ALD[脚注1]を患う少年，なおとの事例を取りあげる。この疾患は，中枢神経系の脱髄により植物状態に近い臥床状態へと急速に進行する。生物医学的には，植物状態の患者は外界に対する認識や反応がないとされる[脚注2]。しかし筆者は，これまでの彼とのセッション経験を通して，心拍・皮

[脚注1）中枢神経系において脱髄や神経細胞の変性，副腎の機能不全等を伴う遺伝性疾患。小児で発症する場合は，知能低下（学力の低下），行動の異常（学校での落ち着きのなさ），斜視，視力・聴力低下，歩行時の足のつっぱりなどの症状で発症することが多い。症状は進行性で，コミュニケーションが取れなくなり，通常1～2年で臥床状態となる。原因・治療法共に確立されておらず，国の特定疾患に指定されている。難病情報センター http://nanbyou.or.jp/sikkan/109_2.htm

[脚注2）遷延性意識障害の定義（日本脳神経外科学会：1972年）によれば，①自力移動が不可能である。②自力摂食が不可能である。③糞，尿失禁がある。④声を出しても意味のある発語が全く不可能である。⑤簡単な命令には辛うじて応じることも出来るが，ほとんど意思疎通は不可能である。⑥眼球は動いていても認識することは出来ない。以上6項目が，治療にもかかわらず3ヶ月以上続いた場合を「植物状態」とみなす。実際には，多様な臨床像が見られる。

膚の質感・筋緊張の具合・呼吸・身振り・視線といった微細な反応を，ある種の〈表現〉として捉えることによって，相互身体的な音楽的相互行為が成り立つのではないかと実感するに到った。つまりそこには，医学的所見からは滑り落ちてしまうような，固有の生の表現様態があるように感じられたのだ。

　ここでどのようなことが起こっていたのかを考える上で，療法過程を原因－結果の因果関係に還元してしまっては，起こっている現象を捉えきれない。むしろ，クライエントを取り巻くさまざまな環境と関わりあって起こった些細な出来事が，部分的に重なりあいながら，次第に全体像が形作られていく過程そのものに意義を見出す必要があると思われる。そこで本章では，クライエントの状態の変化につれて，音楽的相互行為を因果関係的に捉える視点から，クライエントを取り巻くさまざまな環境の関わりとして捉える生態学的視点へと移行していった過程を記述し，その臨床的意義を考察する。

背　景

　なおとは，副腎白質ジストロフィーを患う 12 歳（セッション開始当時）の少年である。発症前のなおとは，誰にでもやさしく接するクラスの人気者で，空手や塾に通う活発な子どもだった。しかし，セッションを開始する 1 年ほど前から小学校の授業についていくのが困難になり，ALD と診断された。筆者が音楽療法を行っていた重症心身障害児施設の療育相談に，彼の母親が訪れたことがきっかけで，症状が進行してもなおとの生活の質を確保するための支援プログラムのひとつとして，音楽療法セッションを開始することになった。

　本事例の特徴は，以下の二点である。ひとつは，小学生でありながら進行性の疾患を生きるなおとの事例は，発達支援，高齢者，ターミナルケアといった既存の音楽療法の実践領域にはうまく当てはまらない。そのため，ある特定の領域に当てはめて療法過程を方向づけるよりも，むしろその時々で変化してい

　脚注3）このことは，本事例のような進行性疾患を抱えるクライエントにのみ当てはまることではない。その時々によって異なる体調や状況にあるクライエントと関わる音楽療法セッションでは，本質的な事柄だと思われる。

く彼の生と向き合うことが必要となる[脚注3]。

　もうひとつ，この疾患では，クライエントの反応が周囲から急速に分からなくなっていき，ついには明らかな反応がほとんど見られない状態に到る。しかし，本事例は，病の進行を食い止めたり，音楽によって反応を引き出したりしたことを報告するものではない。そうではなくて，本事例の焦点は，セラピストの側がクライエントの〈表現〉に対する捉え方を変えていくことにより，クライエントを固有の生の様式のなかで世界と関わりあう存在として捉えなおす点である。看護研究者の西村ユミは「見る者，関わる者の見方によって，その存在の有り様が異なってしまう植物状態患者との関わりにおいては，彼らをどのような存在として捉えるか，あるいは彼らとどのように関係しようとするかが大きな問題となる」（西村，2001，p.21）と述べている。このことは本事例によく当てはまると考えられるため，以下，クライエントへの見方の変化を追うために，筆者の視点からの記述を検討の中心とする。

　セッションの過程は，なおとの状態の変化によって大きく三つの時期に分けられる。第一期は，意図が明確だった初期のセッションである（1〜8回）。第二期は，症状の進行につれて反応の意図が分からなくなっていった時期である（9〜30回，途中8カ月の中断を含む）。第三期は，臥床状態となり明確な反応がほぼ見られなくなった時期である（31〜53回）。いずれの時期においても，隔週1回30〜40分の個人セッションを，セラピスト（筆者）とコ・セラピストとで行った。場所は，A療育園多目的室（第一期・第二期），なおと自宅（第三期）である。

　第一期・第二期の詳しい経過については既に別稿にまとめたため（三宅 2009），本章では概要を記すに留め，明らかな反応が見られなくなった第三期の様子を中心に取りあげる。

第一期・第二期の概要

1. 症状の進行と「わからなさ」の感覚（8〜24回目）

　初回のセッションでなおとは，筆者が尋ねたことに頷いたり，かぶりを振ったりして，明確に意思表示した。しかし，8回目のセッションを境に，症状が

急速に進行し始め，言語的コミュニケーションや，コール&レスポンスのようなやりとりは成り立たなくなっていった。筆者には，なおとの動きや表情から気持ちが推しはかりがたくなり，彼に対するある種の「わからなさ」の感覚を覚えるようになった。筆者は，そのような状態のなおとをどのように理解してセッションをすすめていくかという考えと，どのように彼と向かい合って音楽をするかという考えとのあいだで，揺れ動いた。

2. 音楽のなかで「共にいる」感覚（24回目）

24回目のセッションで筆者は，なおとに対する「わからなさ」の感覚を抱えたまま，それでもなお，彼と「共にいる」と感じる経験をした。なおとは，ピアノを支えにするように鍵盤の上に両手をついて立ち，不規則に揺れるような動きをする。そこで，筆者も同じ姿勢をとって揺れながら即興の連弾を試みることにし，互いの揺れの周期がずれることによって生み出されるグルーヴ感を頼りに，演奏を進めた。ピアノの弦が共鳴する響きを聴きながら演奏を続けるうち，なおとと筆者の肩がリズミカルにぶつかり合い，ひとつのグルーヴが生まれた。

ここでの音楽的出来事は，なおとの振る舞いの「わからなさ」に対する判断をいったんやめて受け入れた上で，起こった現象に対して，動き・気配・呼吸などの身体性に基づいた感覚を開いて関わることにより，可能となった[脚注3]。

3. 生態学的視点の模索（26～30回目）

その後もなおとの症状は急速に進行した。姿勢保持が困難となり，食事は経

脚注4）後から振り返ってみれば，24回目の出来事は，音楽の生態学的成り立ちに直観的に従った結果，起こったとも考えられる。生態学的視点から捉えると，ここで協働の音楽が成り立つきっかけとなったのは，なおやが両手を置くことによって共鳴したピアノ弦の響きを，筆者が未知の音として聴いたときだった。この響きへの気づきが媒介となって，なおやの身体の動き - ピアノの構造的特性（弦の共鳴）- 筆者の奏でる音が結びつけられ，身振りと音からなる一つの音楽的な場が生まれた。つまりこの場面では，筆者が周囲の環境に敏感になることがきっかけで，異なる環境の要素どうしがある特定の仕方で結びつけられ，協働の音楽的な場という新しい環境が生まれたと考えることが出来る。

管栄養となるなど，生活全般にケアが必要となった。筋緊張や発作が増す一方，いわゆる意思の疎通はますます困難になっていった。筆者は，呼吸，姿勢，まばたきや目線，口や喉の動き，声，顔や上肢の動き，覚醒レベル，筋緊張の度合いといった微細な身体的反応を，彼の〈表現〉と見なし，フレーズの抑揚やダイナミクスに反映させながら一緒に奏でようと試みた。その際，筆者が参照したのは，ドイツの音楽療法士 Herkenrath（2005）による，植物状態患者との音楽療法である。彼は，医学的見解では意識や認知機能がないとされる植物状態患者の身体反応を，単なる反射ではなく，患者が環境と相互作用して行う，〈表現〉と捉える見方を示している。彼によれば，植物状態患者は固有の生の様式のなかで生きる存在であり，その生の様式そのものが〈表現〉であり得る。この見方に従えば，なおとの微細な身振りを，Herkenrath の言う「*art of living*」，すなわち生きるための〈表現〉として捉えることができるのである。

　このように捉えても，この時期の筆者は，なおとのやりとりにしばしば行き詰まった。その時には，もっぱらなおとの反応＝〈表現〉を見ることに，筆者の意識が集中していた。そのため，なおとの身振りを筆者の働きかけに対する"応答"として期待する形となり，結果的にキャッチボールのような単なる音（身振り）どうしのやりとりへと，関わりを還元してしまうことになった。そこでは，彼の身振りは，それがあるかないか，あるならばどのタイミングか，といった信号のようなものへと還元されてしまう。つまり，クライエントの反応を〈表現〉と捉えたとしても，二者間の閉じた関係性においてのみ音楽的相互行為を捉えていては，やりとりが行き詰まり，協働の音楽の場が成り立たないのではないかという問いに行きあたったのである。

　以上の問題点を踏まえ，自宅でのセッションに移行した第三期の課題は，なおとの反応が，いつどのようにして生きた〈表現〉となり，その場に立ち現れてくるのかを探ることだった。その過程で，筆者は次第に，生態学的な音楽行為のあり方を意識するようになる。

生態学的視点から見た音楽行為

　第三期の経過の記述に入る前に，生態学的視点から見た音楽行為[脚注5]とは

どのようなものか,筆者の考えを簡単に述べておきたい。生態学的視点から見れば,私たちは,生物学的・物理的・社会文化的なさまざまな環境の関わりあいのなかで生きる存在である。セッションが行われる部屋はひとつの環境であり,クライエントとセラピストもまた,多様な環境要素からなる存在[脚注6]として出会う。両者は,相手を含む環境と相互に変容しつつ,その時その場で共に在るあり方を見出していく。重要なのは,ここでの〈表現〉が初めからそのものとしてあるのではなくて,重層的なやりとりの中で次第に表現性を帯びてくると捉えられることだ。その関係性の表現こそが,クライエントの生の技法としての〈表現〉だと考えられる。以下では,なおとと筆者との関わりにおいて,このような音楽的様相がどのようにして生起していったのかを詳しく述べる。

記述の方法

第三期の経過は,エピソード記述(鯨岡,2005)の手法を参考とし,筆者自身が考案した方法で記述する。この方法は,次の二つの手順からなる。①研究者自身が参与観察主体として現場で体験した印象的な場面を,研究者なりの視点からエピソードとして描き出す,②それを取りあげるに到った背景にある研究者自身の問題意識や,エピソードから立ち現れる問いを掘り下げる。この方法の要点は,エピソードの背景にある複雑な問題を,多元的に把握しようとす

脚注5) 本章において生態学的視点からの音楽行為という場合,以下のような考えを参考にしている。哲学者J.ドゥルーズと精神分析家F.ガタリによる『千のプラトー』の一章「リトルネロについて」(Deleuze & Guattari 1994)。C.ケニー(2006)による,クライエントとセラピストをさまざまなコンディション=環境からなる存在と捉え,互いの環境との多元的なやりとりを通じて創造的プロセスへと向かう「体験の場」理論。T.オースゴール(Aasgaard 1999)による,その場の環境の質全体を高める「音楽環境療法」。近年,国際的な潮流のひとつとなっているコミュニティ音楽療法における生態学的視点を基盤とした実践と理論化。

脚注6) たとえば,身体はひとつの環境である。身体を構成する血液や肺などの内部環境から成り立つとともに,酸素を供給する大気や大地などの外部環境と関わりあう。また,社会的存在としての自己も,家族や学校,病院,国家などの社会的環境のなかで,他者とのさまざまな関係性によって構成されている。

る点にある。
　本事例研究では，以下の手順で行った。

1．データの収集とエピソードの切り出し

　データとして，毎回のセッション後に印象を記したメモ，ビデオ映像から書き起こした記録，セッション内で創作した詩・楽曲・楽譜等の作品，セッション終了から2年後に行った母親へのインタビュー記録を収集した。次に，データからセッション過程で重要と思われる場面を抽出し，筆者なりの視点からエピソードとして記述した。なお経過では，筆者＝「私」の一人称で記述を行う。

2．エピソードの整理と分析

　エピソードを整理する上で問題となったのは，第三期ではセラピストの働きかけの対象が，なおと本人のみならず，家族や部屋内外の環境全体へと移行したため，セッションの経過を単線的に描くことが出来ないことだった。そこで，働きかけの対象を（a）部屋内外の物理的環境，（b）なおとの身体環境，（c）人的環境：母親，（d）人的環境：母親以外というカテゴリーに分けて，各活動を当てはめた。次に，活動を表にし，活動どうしの連関を線でつないだ（**表1**）。

　経過の記述は，活動の連関ごとにまとめて記すのではなく，あえて時系列で記述している。そのため，種類の異なる活動がバラバラに提示されているように見えるかもしれないが，その意図は，状況に応じて柔軟に行われた各活動が，部分的にゆるやかにつながりあいながら，次第になおとを取り巻く音楽的環境が形づくられていったことを表そうとするものである。

第三期の経過

なおと自宅でのセッション再開（31回目）

　なおとの体調変動によるセッション休止から約1年後の冬，彼の自宅を訪ねた。なおとは介護用のベッドに横たわってうとしていた。検査ではほと

表1　第三期の活動における働きかけの対象

(a) 部屋内外の物理的環境	(b) なおとの身体環境	(c) 人的環境（母親）	(d) 人的環境（母親以外）
	＃32 心拍モニターとのアンサンブル ＃36 身体に楽器を当てて呼吸音を増幅	＃34 脳波楽譜	＃35，37，39 人による反応の違い
		＃37 似顔絵詩	
	＃39　ダンス		＃39 訪問学級の先生との合同授業
＃40 外の工事音との演奏			
＃41「風」の即興			
(＃42 車のクラクション)	(＃42 マッサージ)		
	＃44 目で語る		
	＃46　＃52 鍵盤ハーモニカのホース，呼吸	＃48 しょうぎ作曲 (＃49 新年のあいさつ 今年の抱負ソング)	
(＃51 セロファン，ゴムのダンス)			
		(＃50 ステンレスボウルの合奏)	
			＃53　いとことの合奏

んど意識活動がない状態とのことだった。定期検査や医療的処置など通院が必要な場合以外，彼は生活のほとんど全てをベッドで過ごすようになっていた。中学校は自宅への訪問学級となり，週1回音楽の授業のみ学校に通っているとのことだった。私は，なおとの症状の進行度合いに身構えていったのだが，家族やいとこたちに囲まれた彼は，穏やかな様子に見受けられた。この日の訪問で，私は，セッションの焦点が病の急激な進行と向き合うことから，今の状

態でどのように生活していくかということへと移ったことを認識した。

　翌月から，なおとの自宅でセッションを再開した。その過程で私は次第に，なおととの直接的・応答的なやりとりだけにとらわれず，彼を取り巻く環境と関わることに，音楽的可能性を見出すようになっていった。このような考えに到ったきっかけは，なおとの反応のわからなさゆえ，直接応答を求めるようなやりとりが成り立ちにくかったことや，体調の変動に応じて活動内容を柔軟に変更することが必要だったという，実際的な要請もあった。だが，より大きかったのは，日常と断絶した音楽療法室から，ふだん彼が暮らす生活の場へと，セッションの場を移したことだろう。そこには，なおとが生きてきた過去から現在に至る生活が，凝縮しているように思われた。部屋の壁には，元気だった頃の写真や作文，好きだった帽子などがきれいに並べて飾られている。床の間には，なおとが以前書いた書道作品が掛かっている。さらに毎月，訪問学級での授業風景の写真や，四季折々に作られた作品，担任の先生が作った学級新聞などが増えて行く。ベッドサイドには健康管理のための医療器具と，先祖代々の仏壇とが並んでいる。部屋の様子からは医療行為と日常生活行為とが地続きであることがうかがわれた。また，彼の母親やいとこたち，学校の先生がセッションに参加してくれたことも重要だった。

　その後，約1年間のセッションで，なおとと彼を取り巻く環境にさまざまなしかたで関わることを試みた。

心拍モニターとのアンサンブル（32回目）

　なおとの自宅での，初めてのセッションである。彼は熟睡していた。静かな部屋で聞こえてくるのは，心拍を刻む「ピッ，ピッ」というモニター音だけだ。私は，この音を「彼の存在を表す音」と捉え，それに合わせてクラリネットで短いパルス音を吹き始めた。演奏してみて感じたことだが，心拍モニターの音がメトロノームと異なる点は，一聴すると機械的にも感じられるテンポが，実は常に変動していることだ。そのため，モニターの音と全く同じ音程やリズムで吹こうとしても，すぐにずれが生じる。私は，小刻みに変動するリズムに，どこか生々しさを覚えた。演奏を少しずつ変化させたり，メロディックなフレーズを加えたりしながら5分ほど合わせているうちに，次第になおと

の呼吸に合わせて上下する胸から腹にかけての動きが目に入ってくるようになった。その動きは，モニター音とも，私の演奏ともタイミングが異なり，独自のリズムを奏でているように感じられた。

　ここで私が行ったことは，なおとの身体環境の探索であると同時に，心拍モニターの音を，生物医学的指標としての意味から「彼の存在を表す音」，すなわち彼と関わる音楽活動のきっかけとして捉えるという，環境内における意味を「ずらす」ことでもあった。このことにより，ここでの演奏を，なおとの身体の動き，心拍をモニターしている機械，私のクラリネット演奏が，ずれながら一種のポリフォニーを奏でていると捉えられるようになった。

脳波楽譜（34回目）

　この日もなおとは入眠していた。そこで，母親と私とで，なおとの脳波検査のデータを楽譜として用い，鳥笛や鍵盤ハーモニカで演奏した。脳波データを使用した理由は，彼が定期的に脳波検査を受けているという話題にたまたまなったからだった。検査の結果によると，なおとには聴覚野の反応はないそうだ。だがセッションでは聴いているように感じることがあると私が言うと，母親も「そうですよねえ」と頷き，医学的所見と日々の様子とのギャップについてしばらく話した。実際に前回の検査データを見せてもらったが，十数ページに渡って複雑な波形が続くばかりで，それがどういう状態を表すのか読み取ることは出来なかった。私にはそれが図形楽譜のように見えたので，なおとの脳波を演奏してみましょう，と提案したところ，母親は戸惑いつつも「面白そう」と応じてくれた。

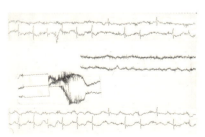

写真1　脳波データを楽譜として演奏する「脳波楽譜」

　ここでも，心拍モニターとのアンサンブルと同様に，生物医学的指標をずらし，音楽活動のきっかけとして利用した。さらにここでは，この「ずらし」を，なおとの母親と共有できたことに意味があった。このことがきっかけで，母親も即興演奏に参加してくれるようになり，なおとをとりまく音楽

活動の環境が少しひろがった。

似顔絵詩（37〜39回目）

37回目のセッションでは，母親，コ・セラピスト，私の3人で，なおとの似顔絵詩の創作に取りくんだ。似顔絵詩とは，詩人の上田假奈代が考案した詩作の方法で，相手の顔を十分間じっと見つめた後，似顔絵を書くように，その人についての詩を書くというものである。完成後は，なおとに向かって，各自が作った詩を朗読した。以下は母親による作品である。

「キューピーちゃん」
ニキビがいっぱい　キューピーちゃん
まゆ毛が太い　キューピーちゃん
目力すごいぞ　キューピーちゃん
いつもグーをしてる[脚注7]　キューピーちゃん
たまにはキューピーちゃんのピースも見たいけど…
ジャンケンでは　チョキには勝つね
いつもガッツポーズで　一緒にがんばろうね

　母親がこの詩を朗読している間，なおとは目をパッチリとあけて聞いているような表情を見せた。活動後，母親は「ふだんこんなに改めて（なおとを）見ることないですから」と言い，この活動がなおとと改めて向かい合うきっかけとなったことを述べた。続いて，母親の詩に，一緒に音を選びながらメロディをつけて，歌を作った。次のセッションでは，完成した歌を演奏し，訪問学級の先生にも一緒に聴いてもらった。先生は学校に楽譜を持ち帰り，学校でもこの歌が歌われたとのことだった。その後，訪問学級の先生との合同授業も実現した（39回目）。
　この活動では，母親がなおとと改めて向かい合うきっかけとなったと同時に，なおとをとりまく音楽活動の輪が学校の先生やクラスメートへとひろがった。

脚注7）なおとが，筋緊張によりグッと手を握る姿勢をとることが多かったことを指していると思われる。

また，それぞれが作った詩を見比べてみて興味深かったのは，なおとと書き手とのそれぞれ異なる関係性が，鮮やかに浮かび上がってきたことだ。これらを照らしあわせることで，なおとという人物が，より多面的に見えてきた。

人による反応の違い（35・37・39 回目）

自宅セッションに通い始めた当初は，毎回違う人にアシスタントとして同行してもらった。このことは，なおとと関わる人を増やし，彼をとりまく音楽活動の輪をひろげる意図があった。（数回の後，そのうちの一人に，コ・セラピストとして継続的に参加してもらうようになった。）

興味深かったのは，関わる人によって，なおとが全く違った反応をしたように見えたことである。様子を見ていた母親も「全然違いますね，面白いですね」とコメントしていた。これは，一見当たり前のことのようだが，意識活動がほとんどないとされている彼が，人の好き嫌いを判断して接し方を変えたわけではないだろう。では，なぜそのように見えたのだろうか。この謎を解く手掛かりは，彼と関わる人との関係性にあるのではないかと思われた。なおとと何らかの形で関わったことがあるか／初対面か，あるならばどのような関係か（先生－生徒，友人，家族，医者－患者等），年齢が近い／離れている，同性／異性，ケアの現場に接したことがある／ない，など社会的な関係性の束によって，なおとと相手とのあいだに固有の関係性や距離感のようなものが生じる。そのような関係性のなかでなおとと接すると，自ずと接し方の違いとなって表れる。このことを，なおと個人の反応に注目して見ると，その都度全く違う反応をしているように見えてきたのではないかと考えられる。このことは，なおとの反応が，単に彼の内的状態（心理的・生理的）の指標であることを超えて，その場での関係性を〈表現〉していることを示す事柄だと言えるだろう。

外の工事の音（40 回目）

この日，なおとの向かいの家で工事が行われていた。なおとの体調は悪くないとのことだったが，筋緊張が強く，両腕が上がっていた。私は，彼の口元やまぶたのわずかな動きとタイミングを取りながら，クラリネットを吹き始めた。短いフレーズを繰り返し吹いていると，首がガクンと傾いて，彼は目を閉じた

まま聴いているような様子を見せた。身体の力も少し抜けてきたようだ。数分後，なおとの呼吸がゆったりと深くなり，胸がゆっくり波打っているのが見えた。私は，彼が眠ってしまったかなと思いながら，呼吸に合わせて，音を伸ばすフレーズを続けた。すると，向かいの家の工事音が，私の耳に入ってきた。トントンという振動が部屋の壁を通して伝わってくる。この音を演奏に取り入れようと考えて，私はリズミカルなパッセージを加えたり，伴奏となるようなフレーズを吹いたりした。すると，なおとの呼吸や心拍数が上がり，口がモグモグと動き出し，首や体幹もわずかに動いた。

　この活動では，周囲の物理的環境を音楽行為に取り入れることを行なった。音楽行為を通じて，外の工事の音となおとの呼吸や身振りが関わりあうなかで，さらに彼の身振りが誘発されたのではないかと思われる。

「風」の活動（41回目）

　前回のセッションで，工事の音を取り入れて活動した経験を踏まえて，「風」をテーマに設定し，外の風と関わるような活動を試みた。夏の暑い日だったので，まず，うちわでなおとをあおいだ。彼は体調がよい様子で，大きく目を見開いた。母親は，以前なおとが学校の授業で作ったという風鈴を出してきてくれた。母親と一緒にうちわで風を送りながら，夏休みの思い出などを話し，ジンジャーエールの空き瓶を吹いて音を出してみた。続いて，鈴・カリンバ・カエル型のギロなど，涼しげな音色の楽器を選んで，母親と一緒に演奏した。母親にとって，この活動はイメージが湧きやすかったようで，演奏しながら積極的になおとに話しかけていた。なおとも口をぐーっとすぼめたり，音のする方向へ首を伸ばしたりして，よく反応しているようだった。

　この日は風が吹いておらず，元々意図していたような「外の風との関わり」という点ではあまり達成感はなかった。一方，「風」というひとつのテーマを巡って活動することを通して，音楽を構成する異なる要素，すなわち"夏"や"涼しさ"といったイメージ，楽器や小物の音色，音のタイミング・テクスチャー，吹く動作・呼吸・振動などの身体的要素が交差しあい，協働の音楽行為が成り立ったことが重要だったと考えられる。

距離／目で語る（44回目）

　この日はなおとの調子がとてもよいようだった。始まりの歌から表情がしっかりとして，うなずくように瞬きをしたり，顔の向きを変えたりしている。なおとが首をぐっと傾けて左右に向きを変えるのが面白くて，コ・セラピストと私は，ベッドの周りを移動しながら近づいたり離れたりして演奏した。彼が音のする方向を目で追うわけではないが，視線が天井の方へと上向きになり，興味を持っているように感じられる。私は，彼の目の動きがとても気になってきた。そこで，なおとの目とアンサンブルしようと提案し，もう一度，なおと，コ・セラピスト，私のトリオによる即興演奏を行った。彼は，瞬きや目の開き具合などによって，さまざまな表情を見せた。演奏後，そばで見ていた母親と私たちは，「目（の表現）の引き出しがすごい」「"目で語る"だねえ」などと感想を言い合った。

　ここでは，音楽的やりとりの過程で"目の動き"に焦点が当てられ，即興演奏の参加者にとって，彼の目の動きが主体性を帯びた〈表現〉のように感じられたことが，なおとをとりまく音楽活動の環境を作っていく上で重要だったと考えられる。

『しょうぎ作曲』（48回目）

　なおとは入眠していたので，母親とコ・セラピスト，私の3人で『しょうぎ作曲』[脚注8]をした。『しょうぎ作曲』とは，作曲家の野村誠が考案した，共同作曲の方法である。この作曲法がもつ特色のひとつに，楽器演奏の上手・下手や音楽経験の有無にかかわらず，自分なりの仕方で参加できることが挙げられる。この活動で母親は，なおとと関わりの深い音具や，日常生活で使用する物を多く用いた。たとえば，運動会で使った手作りの応援用具，ペットボトル

脚注8）『しょうぎ作曲』の主な手順は，①順番を決める，②最初の演奏者が，自分のパートを作曲する（本人が作曲だとみなせば，どんなものでもよい），③2番目の演奏者は，最初の演奏者の作曲したパートを聴いて，それに合う新たなパートを作曲する，④全員が作曲して演奏に加わったら，最初の演奏者は自分の演奏をやめて他の人の演奏を聴き，それに合う新たなパートを作曲する。以下同様に続ける（野村＆片岡 2008: 90-95）。

の音具（訪問学級の授業で製作），触ると音が鳴るぬいぐるみ（彼のお気に入りだった），携帯電話のベル音（電話が鳴ると彼がよく知らせてくれた），ベッドと車椅子を移動するリフト等である。この母親のパートによって，なおとの過去の思い出や，現在の生活と関わる要素が，曲に組み込まれた。

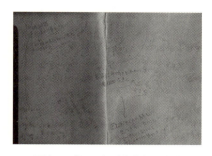

写真2　『しょうぎ作曲』の楽譜

もうひとつの特色は，他の人の演奏を聴いてそれに合うパートを作曲するので，各パートが独立しつつも関わりあう音楽構造を持っていることである。ここでは，眠っているなおとの顔の回りでトントンと楽器を鳴らすパート，「うるさいなぁ……何の用？」などと，なおとの気持ちを勝手に代弁するパート，シューベルトの子守歌のメロディを演奏するパートが同時に鳴り響いているところへ，リフトがゴーッと音をたてて降りてくるパートが重ねられる，といった音楽的場面が展開された。曲の最後は，なおとの心音を聴診器で聴いて終わることにし，タイトルは，空手を習っていた彼がよく言っていたという「押忍！」に決めた。

この活動で重要だったことは，なおとの過去から現在の生活に関わるさまざまな要素が音楽に組み込まれたことと，母親，コ・セラピスト，セラピストに関わるさまざまな要素も同様に組み込まれて，それらの異なる要素が共存する音楽が生まれたことである。「なおとの心音を聴く」パートでは，それまで私たちのパフォーマンスを聴く立場だったなおとが演奏者の立場となり，演奏者－聴取者の関係の逆転も起こった。この活動は，なおとのように通常の意味での主体的参加が困難な状況にある人を中心として，音楽活動を行なう，ひとつのあり方だったのではないかと思われる。

いとこたちとの合奏（53回目）

この日は春休み期間中で，なおとのいとこたちが遊びに来ていた。3歳から7歳のいとこ3人は，私が持参した楽器に飛びついて演奏を始めた。なおとは以前から，金属系の音に対して耳をピクピクさせる反応を示すことがあったが，

この日も，小型のスティールパンの音によく耳を動かした。母親や叔母は「すごい，（耳が）動いてる」「聴いてるわ」と話しながら様子を見守っている。私は「なおとと楽器でおしゃべりしよう」と，いとこたちを誘って，合奏を始めた。いとこたちは初め，なおとに向かってスライド・ホイッスルやスティールパンを鳴らしていたが，やがて，演奏そのものの楽しさにのめり込んでいった。サンバのような音楽になり，皆が思い思いに演奏しているさなか，なおとの口や耳が動き，目が大きく見開き始めた。

次に，3人のいとこたちが各々，なおとへ向けてソロ演奏をした。彼女たちは，三者三様の演奏を披露した。さいごに，鳥笛のソロの時に，なおとの首がぐーっと動き，顔が演奏者の方へ向いた。それをきっかけに，再び全員で合奏した。鳥笛の子どもがリーダーとなって演奏を盛り上げる。なおとも，顔の表情が変化していき，彼なりの仕方で演奏に参加しているように見えた。

ここでは，なおとの反応は，「目が動いてる」，「聴いてるわ」といったような，彼の主体性を表す〈表現〉として，自然な形で家族に受け取られていた。また，なおとの〈表現〉は，彼を中心とした音楽活動の参加者が，とくに彼を気にすることなく音楽に熱中する環境が生まれたときにこそ，浮かび上がってきた。このことは，なおとが音楽活動の一参加者としてこの場に存在し，なおとをとりまく音楽活動の環境がそれを支えていたことを示すと思われる。

考　察

1. 〈表現〉を支える環境をつくる

「第一期・第二期の概要」で述べたように，第三期では，音楽的相互行為の焦点が，なおとの微細な身体反応を＜表現＞と捉えることから，＜表現＞を支える生態学的環境へと移行した。ここでは，なおとの＜表現＞を支える生態学的環境がどのようにして形づくられていったのかを，＜環境の探索＞-＜異なる環境要素の結びつけ＞-＜環境内における意味の「ずらし」＞-＜「ずれ」

脚注9）この過程は，単線的に進む／発展するのではなく，常に同時的・円環的に生じているると思われる。

の重なりによる，異なる環境要素の共存＞‐＜「ずれ」を共有する新たな環境の形成＞という一連の過程として振り返ってみたい[脚注9]。

＜環境の探索＞

筆者が始めに行ったのは，なおとがどのような環境と接しているのかを探索することだった。32回目のセッションでは，部屋に鳴り響く心拍モニターとのクラリネット演奏を通じて，彼の心拍がメトロノームのように一定ではなく，身体内外の環境と常に関わりあい変動しながらリズムを奏でていることを実感した。このことは，筆者にとって，なおとがすでに環境と相互作用して生きる存在であることを，音楽行為を通じてあらためて実感する契機となった。

＜異なる環境要素の結びつけ＞

次に，筆者は，音楽行為を通じて，なおとをとりまくさまざまな環境を結びつけようと試みた。たとえば，40回目のセッションでは，なおとの呼吸と，筆者の演奏するクラリネットの音，部屋の外で行われる工事の音が，音楽行為を介してつながりあった。また，家族や学校の先生，アシスタントへと音楽活動への参加をひろげることによって，社会的環境の面でも，少しずつ関係のひろがりが生まれた。

＜環境内における意味の「ずらし」＞

上述のような環境の探索や結びつけの過程で，ある事象が音楽のなかに組み込まれ音楽として表現されることによって，その事象が元々帯びていた意味が少し「ずらされる」ということが起こっている。心拍モニターの例でいえば，それは本来，なおとの生命兆候を示す生物医学的指標である。これを，なおとの存在に由来する音と見なして一緒に演奏することは，その音が示す意味を「ずらす」ことと言える。

＜「ずれ」の重なりによる，異なる環境要素の共存＞

音楽行為による環境の探索や結びつけから生じるずれが重なり合うことによって，ひとつの音楽的空間に異なる環境要素が共存する状況が生まれやすくなる。41回目のセッションで行った「風」の即興や，48回目のセッションで行った『しょうぎ作曲』は異なる音楽的要素が共存するためのしかけとして機能したと言えるだろう。それらの要素が結びついて，ひとつの音楽的な時空間を構成するとき，なおとの反応は＜表現＞として浮かび上がってくると思われる。

＜「ずれ」を共有する新たな環境の形成＞

44回目のセッションで，なおとの目の動きが，母親と筆者の間で彼の主体性を帯びた＜表現＞と捉えられたように，クライエントの反応が＜表現＞として，音楽行為の参加者のあいだで共有されることにより，次第にクライエントの〈表現〉を支える環境のネットワークが形作られて行く。この，なおとを中心として新たに生まれた環境のネットワークが，彼の微細な反応や身振りを〈表現〉として浮かび上がらせる支えとなったと考えられる。この過程において，"病者"としての役割存在的な見方を超えて，＜表現＞する主体としてなおとを立ち現すような共働の場が開かれたことが，本事例の意義と言えるだろう。

2. 臨床人類学的視点からのケア

ふりかえってみると，本事例において行ったことは，医療人類学者A. クラインマン（1996）が提起した臨床人類学的なケアと関わるかもしれない。クラインマンは，病い illness と疾患 disease という語を異なるものと定義している。病いとは，患うことの経験全体であるのに対し，疾患とは，専門的な治療者が定義する，病者への診断のことを指す。彼は，治療者が病者の経験を疾患として再構成することによって，慢性的な病いの経験にとって本質的なものが失われてしまうと述べる。そして，慢性的な病者に対して，①患うことの存在論的な経験に共感して立ち合うこと，②患うことによる心理的・社会的危機に対し，うまく対処する方法として（病いの）[脚注10] 概念を作り直すことに基づいた，ケアの必要性を提唱している。具体的な方法は，病いの経験に関する微小民族誌 micro ethnography の記述，病者のライフ・ヒストリーの解釈，病者および彼らを取り巻く家族や治療者らの間で異なる病いの説明モデルに関する調整を行うことである。これらを通じて，慢性の病いをもつ患者や家族に希望を少しずつ浸透させることが，極めて重要な臨床領域であることが述べられている。

以上のようなことを，音楽行為によって行おうと試みたのが本事例である。

脚注10）（　）内は筆者による補足。

なおとの生を生物医学的な疾患の視点から見れば，急速に症状が進行し植物状態に近い状態へと到る不可逆的なプロセスである。なおとのように意思を汲みとることが難しい場合，彼が環境を認識できないまま"生かされている"存在と捉えられてしまうこともある。しかし，たとえば，Herkenrath（2005）や西村（2001）の研究が示すように，病者との関わりあいのなかで，疾患に対する見方を超えて交流し，「共に生きる関係の場」をつくっている事例もある。なおとの音楽療法プロセスは筆者にとって，生物医学的な疾患 - 治療の枠組みから離れて，音楽行為を通じて「共に生きる場」を形づくるケアへと移行する過程だった[脚注11]。

おわりに

事例研究を終えて，なおととの関わりに，新たな扉が開かれたような気がしている。実は，これまで長い間，筆者には「本当になおととのコミュニケーションは成り立っているのだろうか？　これは私たち音楽療法士の自己満足ではないのか？」という思いがつきまとっていた。実際，同僚からそう問われて答えに窮することもあった。では，一体なぜ，何を拠り所として，このような関わりを続けているのだろうか。筆者を含めて，なおとを取り巻く人々が実感している交流が単なる思い込みではないとしたら，それは何によって成り立っているのだろうか。

このことについて，コ・セラピストと長い時間話しあって辿りついたのが，なおとの身体から発せられる，生き生きとした生命感のようなものだった。目が，肌が，鼻の穴の動きが，私たちに語りかける。これらを，なおとという生

脚注11）また本事例は，これまでの音楽療法において吟味される機会の少なかった「人間の主体的な選択や意思表示」にもとづいた音楽的相互行為のあり方に，問いを投げかける視点を含むかもしれない。この点について，医療社会学者のMolは，これまで医療・看護・福祉領域において，自律した近代主体を前提とした「選択の論理」によるケアがなされてきたことにより，さまざまな矛盾が生じている状況を指摘している（Mol, 2008）。代わりに彼女は，ケアの受け手と関わりながら，その人をとりまくさまざまな環境と対話を重ねながらケアの方向性を導き出していく「ケアの論理」を提案している。

きた存在からの発信として受けとめることによって，私たちは逆に，彼から深く支えられているのではないだろうか。このことに気づいたとき，「（反応の分からない）患者を一方的に哀れむのをやめて，ただ一緒にいられることを喜び，その魂の器である身体を温室に見立てて，蘭の花を育てるように大事に守ればよい」（川口，2009，p.200）という言葉が，ストンと腑に落ちた。

　今後，このような臨床の場での経験を言語化する方法を，さらに成熟させていくことが課題である。

参考文献

1) Aasgaard T. (1999) Music Therapy as Milieu in the Hospice and Paediatric Oncology Ward, in Music Therapy in Palliative Care: New Voices, David Aldridge (Ed.), Jessica Kingsley Publishers: 29-42
2) Deleuze G. & Guattari F. 宇野・小沢・田中・豊崎・宮林・守中訳（1994）　千のプラトー：資本主義と分裂症　河出書房新社
3) Herkenrath A. (2005) Encounter with the Conscious Being of People in Persistent Vegetative State, in Music Therapy and Neurological Rehabilitation: Performing Health, David Aldridge (Ed.), Jessica Kingsley Publishers : 139-160
4) 川口有美子（2009）　逝かない身体：ALS的日常を生きる　医学書院
5) Kenny C. 近藤里美訳（2006）　フィールド・オブ・プレイ：音楽療法の「体験の場」で起こっていること　春秋社
6) Kleinman A. 江口・五木田・上野訳（1996）　病の語り：慢性の病いをめぐる臨床人類学　誠信書房
7) 鯨岡峻（2005）　エピソード記述入門：実践と質的研究のために　東京大学出版会
8) Mol A. (2008) The Logic of Care: Health and the Problem of Patient Choice, Routledge.
9) 西村ユミ（2001）　語りかける身体：看護ケアの現象学　ゆみる出版
10) 野村誠＆片岡祐介（2008）　音楽ってどうやるの：ミュージシャンが作った音楽の教科書　あおぞら音楽社
11) 三宅博子（2009）　音楽的出来事としての音楽療法プロセス：Nくんの事例を通じて　日本音楽療法学会誌第9巻1号:16-25

第3章
児童対象の音楽心理療法
他害行動がある子どもの変容プロセス

岡崎　香奈

はじめに

　音楽療法における治療アプローチは多岐にわたっており，心理療法的，医学的，社会学的モデルなど様々な指標に基づき，クライエントのニーズやセラピストの治療技法的背景によって多様な実践が行われている。
　もとより心理療法にも様々な学派が存在し，そのアプローチも支持的，再教育的，再構築的など，取り扱う心理レベルの深さによって変化する。アメリカの音楽療法研究者ブルーシア Bruscia, K. は「心理療法は対人関係プロセスにおける治療であり，セラピストとクライエントとの関係性によって治療効果も異なってくる。転移や逆転移なども治療における力動として活用され，治療結果として自己洞察，葛藤の解決，トラウマの克服，現実見当識の快復，行動の変容，生きがいや充足感の獲得，霊的 spiritual な発達などが達成される。音・音楽を媒体として，これらの治療を行うことが音楽心理療法 Music Psychotherapy である」と定義している。彼は，音楽心理療法を4つのカテゴリー（心理療法としての音楽 Music as Psychotherapy，音楽中心心理療法 Music-centered Psychotherapy，心理療法における音楽 Music in Psychotherapy，音楽を使った言語心理療法 Verbal psychotherapy with Music）に分類し，方法論として「即興音楽」「歌唱活動」「音楽イメージ」と

いう手法を挙げている（Bruscia, 1998）。

「即興音楽」を使用した音楽心理療法症例（岡崎1997, 1998, 2004）においては，心理的な要因による対人関係および社会性の問題を抱える子どもに出現する防衛メカニズム（抑圧，退行，投影，否定など）の現象が，言語よりも音・音楽（楽器の鳴らし方，声の出し方，身体・表情の緊張度，出している音のダイナミクス・方向性など）のほうに読み取りやすく，また治療的に介入にしやすいことが検証されている。また，これらの葛藤する心理的両価性（アンビヴァレンス ambivalence）を表現・代弁し，その幅を拡げながら振り子のように行き来できる感情表現媒体として，音・音楽が治療的に有効な役割をもたらすことが分析されている。

本論では，大人との対人関係において「咬む，つねる，蹴る」などの他害行動がある子どもを対象とした個別音楽療法セッションを紹介する。治療におけるキーワードは，音楽による両価性の表現 expression of ambivalence, 退行 regression, 自己覚知 self-awareness であり，これらが音楽によってどのように変容していったかについて，治療プロセスにおけるクライエントの変化を検証し，音楽の臨床的役割を考察することとする。

ケース概要

1. クライエントの背景

クライエント（以下Aとする）は，ADD（注意欠陥障害）と診断された7歳の女児である。3歳児検診の際，発語がまったくなかったため「自閉症の疑いがある」とも言われたが，それ以来保護者はAを医師に診断させることをしていない。音楽療法開始時のアセスメントでは，「自閉的な特徴」は見られなかった。家族は，両親，年の離れた姉（21歳），本児の4名である。この家族は17年前にロシアからアメリカへ移民しており，A以外の家族間ではロシア語での会話，アメリカ生まれのAのためには英語，という両方の言語が家庭で使われていた。14歳年上の姉は，大学進学のため別々に暮していた。

Aは特別支援学校に通っていたが，読み書きができ，言葉を使って意志伝達ができる子どもであった。学校では，かんしゃくもちで，大人が何か活動を

させようとすると咬んだりつねったりして場をコントロールするなど，集団行動が困難であり，保護者からの「集団生活ができるようにして欲しい」という要望で，学校の紹介を介して音楽療法を開始した。

アセスメントでは，発語も十分にあり 1 対 1 のコミュニケーションが成立したことから，A ほか 4 名の合計 5 名のグループ音楽療法セッションを始めた。ここでの A の治療目標は「集中力の増加」と「社会的スキルの向上」であった。しかし，このグループセッションが 2 カ月ほど経って集団に慣れてくると，A の大人に対する「コントロール」が激しくなり，ひどいかんしゃくを起こして，活動を行うセラピストに常に覆いかぶさるように邪魔をし，着席させようとすると大人を咬む，つねる，といった他害行動が顕著に表れていった。ケースカンファレンスにおいて，他のメンバーおよび A の治療目標が達成できないと判断されたことにより，A を集団から一時離して，個別音楽療法にシフトすることとなった。

その個別音楽療法の担当として，筆者がプライマリーセラピスト（ピアノを弾きながら主導する役割）として関わるようになり，集団セッションの担当者がコセラピストとして参加することになった。個別セッション開始後の 16 回のセッションにおける A の変化を，本論で紹介する。

2. 治療構造

週 1 回，30 分の個別セッション。大学付属の音楽療法センターにて施療。セッション中は，待合室で保護者が待機している。母親に連れてこられることが多かったが，父親が休みの場合は，父親同伴の場合もあった。

音楽を奏でて主にピアノと声で介入するプライマリーセラピストは筆者が担当し，そしてグループから個別セッションへの移行にかかる混乱を軽減させるため，元グループ担当者がコセラピストとして参加し，二名のチームワーク体制で個別音楽療法セッションを開始した。セッションは，部屋に内蔵されているカメラで，毎回録画・記録された。

3. アセスメントと治療目標

グループセッションにおける A のアセスメントは，身体機能に問題はない

が，リーダー（大人）が活動を行うさいに，覆いかぶさるように話しかけ，リーダーが他児童に関わることを阻む，大きな声で泣き真似のような声を出して邪魔をする，着席させようとするとさりげなくしかし強く咬む，つねる，という行為を繰り返す，というものであった。

学校からの紹介状にはIQの情報はなかったが，読み書きができることと言葉によるやりとりが可能なこと，状況を的確に捉えて他児童には手を出さないが活動を仕切っている大人のみに他害することなどから，Aの対人関係における問題点は知的障害や自閉傾向からくるものではなく，何らかの心理的要因であると推察された。

また，グループ開始当時の保護者面談を担当したコセラピストからの情報で，両親ともにあまり笑顔を見せないこと，父親が母親に対して非常に抑圧的であること，母親がAに対して非常に不安定な対応をする（同じ行動に対しても，酷く怒ったり，無視をしたりなど，対応が定まらない）ことなどから，Aと母親との関係において安定性が欠如していることが推察された。

これらのことを踏まえて，個別セッション開始当初は「集中力の向上」「対人関係における適切な自己表現手段の獲得」「衝動コントロールの安定」を治療目標として設定した。その後，治療プロセスの変容によって目標も展開していく。

治療プロセス

ここでは，16回のセッションにおける治療プロセスで，臨床的に重要であったと思われる箇所を抜粋し，そこでどのような治療的介入が行われたか詳述する。

セッション1

グループから個別セッションに移行後，すべての活動が新しくなって混乱しないよう，前のグループで活動していた「I have a name」（Nordoff & Robbins）を導入した。Aは，自身の名前が書かれたカードを手に持って，目の前を覆ったりカードで口をふさぐ，など抵抗を示すが，スペリングを歌う箇所では正しく歌って答えることができた。ときどき，グループの子どもの名前

を叫ぶこともあり，その場に抵抗しているような新しい環境に対する不安がみられた。

セッション2

名前の活動と共に，後半で自由即興を導入した。太鼓の活動でのAの叩く速さには，90〜120 bpm（beats per minute，1分間に90〜120打）という幅があった。着席での活動が難しく，部屋を歩きながらの太鼓活動だったので，Aが歩くのをやめて立っている時をねらって，プライマリーセラピストが音楽的に介入し，コセラピストがハンドドラムを差し出すと，右手でバチをもって叩くことができた。10秒間ほど叩くが，またすぐ歩きだして叩くことを回避する行動がみられた。

セッション3

Aは着席行動が難しく，部屋の中を動くことを好んだため，身体活動を多く導入することでモチベーションを向上させようと「Jump to the music and now get ready to stop」という活動を取り入れた。Aは，コセラピストと対面でジャンプし，Stopのところで止まることができた。JumpをClap（手を叩く）に変えても，歌詞を理解し行動に移すことができた。即時反応がみられたので，音楽のフレーズを理解していることもわかった。

コセラピストと近い距離にいるので，手をつないで一緒にジャンプして楽しそうに笑ったりするが，突然コセラピストのお腹を咬んだり，腕をつねったり，ジャンプしながら髪を一瞬ひっぱったりすることがあった。はたからみていると「楽しい時間」を過ごしているように見えるのだが，実は陰で（見えないところで）コセラピストに甘える振りをして「咬む，つねる」という，愛着行動と相反する行動が出現していることがわかった。

このセッションが終わるさい，「Good bye」の歌を着席してコセラピストと対面し笑顔で歌っているかと思うと，突然手を出してコセラピストを叩く，足で蹴る，という行動が出る。コセラピストが「ダメ！」と強く止めても，へらへら笑いながらまた近づき，蹴ろうとする。このようなアグレッシブで場をかき乱す行動は，初期のセッションでかなり続いていた。「遊んでくれるコセラピストのことが好きだけれど，その好きな気持ちをどのように表現していいかわからない」といったAの両価性ambivalenceが顕著に表れている場面であ

った。
　このような反応に対して，コセラピストはすぐ「No！（ダメ）」と言って，「悪いことは悪い」と教えようとしていた。しかしAは，「No！」と言うとすぐやめるが，その後またすぐへらへら笑いながら咬もうとする，蹴ろうとする行為がみられ，コセラピストが混乱し，プライマリーである筆者も何が起こっているかわからない状態でセッションは緊張感と共に終了した。
　このセッションを，創造的音楽療法のスケールI「協同的音楽活動における子どもとセラピストの関係性」（Nordoff & Robbins, 2007）[注1]で評価したところ3.8ポイントで，参加度の最高が4点，抵抗の最高が6点であった。これは，クライエントがかなり意図的に活動を回避したり場をコントロールしている，という状態を表している。

セッション4
　このセッションから，Aは「I want to bite（咬みたい）」と言葉で訴えるようになった。しかし，「I want to bite」と言いながらも「No bite（咬むのはだめ）」とも自身で言っていた。これはおそらく，家庭や学校で「No bite」と禁止されているため，それも含めて二つの相反する言動が繰り返し発せられていたと思われる。
　そこでプライマリーセラピストの筆者が，あえて「I want to bite」という歌詞を繰り返し歌う曲を即興し，その後「but I am going to play the cymbal（でも私はシンバルを叩く）」という歌詞を付けくわえて，Aのアグレッシブなエネルギーをシンバル演奏に変換していこうと試みた。Aは「何かやろう」を誘われると必ず反対のことをすることが推測できたので，筆者は「but let's play the cymbal（でも一緒にシンバルを叩こう）」ではなく，「but I am going to～（私は～をする）」と一人称にして歌いかけたのである。結局，Aは「No bite, No bite」と繰り返し言うだけで，シンバルを叩くことはしなかったが，筆者が「「I want to bite」と歌ったことに驚いたような表情をして振り返り，一瞬他害しようとする行為が止まった。このセッション以来，Aが「I want to bite」という言動と咬む行動が減っていった。
　このように，クライエントのアグレッションが行為化されることに対して「ダメ」と禁止するのではなく，クライエントの言動そのものを歌詞として取

り入れた歌を即興的に創る臨床的音楽介入が，A自身の表現をより如実に認識できる「安全な」方法となったと思われる。この作業を通じて，自分が何を言っていたか，ということの自己覚知 self-awareness に繋がったとも考えられる。クライエントのネガティブな行動とそれに費やすエネルギーを，音楽というポジティブな表現に転換していくことが，この段階のAに必要なことと思われた。

セッション5

Aの集中力は，好きな身体活動で使った音楽を楽器活動にも活用することで，増加していった。特に，Aは音楽の「調性」によく反応する子どもであった。自由即興のさいに使用した無調音楽よりも，予測がある程度付く調性のある曲想を使用したときの方がAの集中が持続し，また音楽を転調させるとすぐピアノをみて笑う，という反応を示したため，シンプルな反復があるメロディを即興し，和音で調性を変化させることを導入した。

部屋をぐるぐる回る身体活動に「Running (Walking, Jumping, etc.) round the room and now get ready to stop! 部屋の中を走ろう（歩こう，飛ぼう等），そして止まろう！」という歌詞をつけて，音域を半音ずつ上昇または下降させながら，Aの身体の動きのテンポに合わせたり，また音域や和声の幅を変えて，動き方のダイナミクスにマッチングしていった。また，「stop！」の和音を次のテーマの属七和音にして，和音が終止しないようにすることで，音楽が途切れないようにすると，Aの集中を持続することができた。さらに「stop！」の和音を弾く前に「間」を置き，Aが「stop！」と指令することを促した。これは，和音の構造による枠組みを創りながらも，Aの好きなタイミングで次の動きを決める（歩くのか，走るのか）ことを促し，Aが場をコントロールすることにも繋げていった。これはAの不安を減少させ，自分で決めたことがらが活動に展開する自己判断をさせることができ，それに伴う大人との協同体験を増加することができた。

そして，ここで使った音楽を少しアレンジして，スネアドラムを叩く楽器活動にも併用し，歌詞を「beating on the drum（太鼓を叩く）」に変えて，さらにテンポの変化を加えていった。Aは，スムーズにスネアドラムの活動に移行することができ，音楽が加速すると，Aもそれに合わせて躊躇することな

く加速することができた。両手で交互に叩き、音楽がゆっくりになると少し笑って、ピアノをみながらフォローすることもできた。コードが半音ずつ上がってどんどん転調していくさいも、面白そうに笑いながら叩き続けることができた。

しかし、音楽がだんだんゆっくりになってセラピストが「Slowly（ゆっくりゆっくり）」と歌った途端に「bite」と言った。このように、Aは言語的な指示には「あえて」従わないのである。例えば、大好きな「走る」活動も「走ろう」と歌いながら音楽を弾いてもやらない。しかし、音楽のみで「走る音楽」を弾くと、走る。したがって、「Slowly」と歌詞にした途端に「言語的指示」としてAの中で処理されたため、実際には咬まなかったものの「bite」という言動が抵抗として表れたと思われる。Aのように言語を持ち過ぎて、ことばに敏感なクライエントに対して「音楽そのものを使って変容させる」という前述の心理療法としての音楽 Music as Psychotherapy の重要性を強く感じた瞬間であった。

この頃から、Aを音楽的に受容し「安全な場所」を提供しつつ、一つ一つ呼び起こされるAの防衛反応に丁寧に介入していくことが、より一層重要になっていった。そのため、Aの激しい身体の動き、対人関係の物理的距離を考え、次のセッションから大きな部屋に移動した。

セッション6

前のセッションで使った音楽で、スネアドラムを両手で叩く。ピアノを弾く筆者をよく見ながら叩き、アイコンタクトも取れる。特に、音楽が転調すると必ずピアノをみることがわかった。「Running」と「Walking」に「Tip-toeing つま先歩き」を加えて身体活動を展開すると、曲想に合わせてお茶目な顔をして動きを変えることができた。Tip-toeing（つま先歩き）をする様子がとても可愛いく、A自身も「あそび」の要素を楽しんでいる様子であった。ゆっくりと小さなダイナミクスの曲想にあった声色で「Stop」を言うこともできた。音楽の強弱やテンポの表現におけるコントロールができるようになったことで、衝動のコントロールも可能になったと考えられた。

このセッションの、創造的音楽療法スケールⅠの評価は4.1点、参加は6点、抵抗は4点で、以前より抵抗が少なくなってきていることを表していた。こ

の時点の再アセスメントで，Aの活動における「集中力の増加」という目標はかなり達成されたと思われた。

セッション8

Aが久しぶりに「I have a name」を自らリクエストする。このセッション前日に，母親が美容室に行って髪を切ったところ，Aも自宅で使用禁止であったハサミを使って自分の髪をざくざく切ってしまい，母親からひどく怒られた，とのことであった。このことから，少し退行した状態で来所していたかと思われる。A本人のリクエストであったので，この既成曲をアレンジしてタンバリンを叩く活動に展開していった。

そのさい，着席活動を促す目的で可動事務椅子（キャスター付きで椅子の部分が回る）にAを座らせていたが，たまたまAが自分でくるっと回ったことから，その動きを活動に取り入れ，くるっと回してタンバリンを叩く，そのときに筆者の弾く音楽を合わせる，というゲームを取り入れると，ずっと集中して楽しそうにその活動に入りこんでいた。タンバリンを叩くことより，身体の動きを取り入れた「音楽あそび」の要素を楽しめるようになったと思われる。「子どもらしく」笑うAの表情をみて，このような「子どもらしい」やりとりを体験していなかったのでは，と筆者は感じた。Aの「子どもらしさ」というキーワードが，ミーティングでも話題にされる時期であった。

セッション9

前回からの「回る椅子とタンバリン」を使って挨拶をすると，スムーズに活動に入ることができた。そのまま同じ椅子に座って，ドラムとシンバルの活動に移行した。ここで，Aの顔つきに顕著な変化が現れた。

今までぽーっとした顔つきで叩くこともあったAだが，テンポのアッチェレランンドをかけると，コセラの顔をみてにこっと笑い，そしてピアノを弾いている筆者をみて，余裕がある感じで，自分の演奏に集中する，という印象であった。筆者は様々なジャンルの音楽を試奏してみたが，教会旋法系の音楽ではなく，長調や短調といった明確な調性がある音楽に叩き方が反応していた。音域を上昇させるとテンポが変化し，ベースを安定させるとAの奏でる音の芯も太くなっていった。転調など，調性に動きがあると，ドラムの手元から筆者を見る確率があがり，同じモチーフが戻ってくると笑みを浮かべ，一本のバ

チを持ちかえ，ずっと叩き続けることができた。

　途中でコセラピストがバチを2本持たせ，両手叩きにさせる。Aの立ち姿がすっと伸びて，視線が前方にくっと入っていった。筆者が，シューマンの「ウィーンの謝肉祭さわぎ op.26」を弾いたところ，Aは筆者をずっと見ながら背筋を伸ばして，叩き続けた。その後，シューマンのテーマに沿って即興すると，5分間ずっと集中して，音のやりとりをすることができた。Aの表情は，あたかも「どう，私すごいでしょ？　やればできるのよ」と言いたげな，少し恥ずかしがりながらも得意げな様子であった。

　このシューマンの音楽は，最初 B^b コードからベースが A－A^b－G－C と移行し F major になり，次に E^b コードからベースが D－D^b－C－F から B^b major になり，またすぐに G ユニゾンから減七和音を経て C minor になる。この調性と和声が音楽の流れの中で突発的に変容して動いていくさまは，まるでAの内的な気持ちがあちこちに飛んでいて何をどのように表現してよいかわからない状態を表しているようであった。しかし，この音楽は同時に，それを取りこみ，落ち着くところに落ち着かせる機能も果たしていた。また華やかで，かつどこか切なげに，しかし大きなスタッカートで散っていくロマン派特有の和声が，Aの所在なかった痛みやフラストレーションを昇華させる審美的なカタルシスとして，太鼓の音とそれを叩くA自身のエネルギーに転換させたとも思われる。

　シューマンの太鼓活動とはまた違い，後半のタンバリンの活動では，笑いながら，うさぎのように座り飛びしながら叩いていた。太鼓で「お姉さんらしく」ふるまうことができ，セラピストとの関係性もしっかりと構築したところで，逆に今度はAの「子どもらしさ」が出てきた，と思われた。タンバリンを叩いて喜ぶ様子が，幼児のようであったのが印象的なセッションだった。このセッションの，創造的音楽療法評価スケールⅠは4.8点で，参加度が今まで一番高かった。

　このセッション後に保護者面談があり，Aの母親が参加した。筆者が受けた母親の印象は，ほとんど笑わない，不安定，というものであった。母親は，Aの日常生活における「非社会的行動（咬む，つねる，蹴るなど）」について「困っている」「どうにかしてほしい」と言い続けていた。学校でも「タイム

アウト Time out」[注2]されることが多く，Aのことを「困った子である」と非常に不安そうに話し，一つ学校でのエピソードを教えてくれた。

　ある日，保護者と学校教員間の連絡帳に，教員がAの悪い素行の報告を書いて渡したところ，Aはそのページを剥がし「よくできました」と自分で勝手に書き込み母親に手渡した，という。母親は，後にそれが発覚したときにAをひどく怒ったらしい。しかし，我々が「それだけ知的に認知が高いということですね」とコメントすると，少し驚き，そういう風に捉えることができるのか，という表情になった。母親に対して，Aを捉える視点を転換させる必要があるとも思われた。

　セラピスト側にとっては，これらの情報から，Aが知的に高いということが分かったので，言語指示ではなく，直接情緒面に音楽でさらに働きかける必要があると確信できる面接となった。Aは言語が多く使えるだけに，思っていないことを口にして周りを混乱させたり，何が本当にやりたいのか，逆にわからなくさせることが多かった。言葉ではなく音楽を通して，Aの「心の核」に働きかけることの重要さをあらためて感じた。

　母親からは，音楽療法を始めて「Aの集中力が伸びた。テレビ番組が，最初から最後まで観られるようになった」という報告を受けた。

　保護者面談やケースカンファレンスをふまえて，筆者とコセラピストは「音楽を通して情緒体験の幅を広げ，心理的コネクションを拡充させる」という治療目標を加えた。そのためにも，これらの感情体験を探索する安全な場所を提供することが必要であり，筆者の奏でる音楽をより一層受容的かつ刺激的にしながらも，同時にAの表現を引き出す「間」を音楽的に提示することが必要であった。

セッション 11

　Aは入室後すぐピアノに近づいてきて，筆者が弾くピアノ椅子の横に座った。Aから，物理的距離を縮めてきたのである。Aはとても落ち着いた表情で，セッションの終わりに「Good bye」と歌いながら，しっかり両足で立ってシンバルを凝視しながら叩いた。バチを落としても集中が途切れることなく，自分で拾って再び叩く。ここでの音楽は短調のゆっくりした雰囲気の即興を使った。そうすると，Aはしっとりとした表情になり，みずから楽器を片付け，

筆者を真正面から見たあと，コセラピストに向かって「I want a hug（抱っこして）」と言いコセラピストに自分から抱きついてきた。今までは「I want a hug」と言って抱きついてきてもお腹を咬む，という行為が多かったが，今回は「本当の抱っこ」であった。

セッション13

筆者が弾くピアノ椅子の右横にAが座る。ドリア旋法で即興すると，Aは少し神妙な顔になり，「バンドエイド（左手に少し傷があった）」という。長調か短調ではない，音程がオープンになる音楽には，今までも反応しなかったため「何か違うものを弾いて」というメッセージと受け止めた。「終わってからね」とコセラピストがいうと，「わかった」という表情をする。その後，独立した指でランダムに鍵盤を鳴らし，筆者と連弾する。このときの音楽は，長調であるが単旋律でユニゾンも取り入れた。

そうすると，Aが舌でクリッキング音を鳴らしたので，筆者はそれを取り入れて，フレーズの間にパンクチュエーションでクリッキングすると，面白そうに筆者の顔を覗き込み，自分もクリッキングをする。ここでクリッキングのやりとりが生まれ，音楽的なやりとりで遊ぶことができた。この現象は，乳児が喃語で母子関係を構築するようなやりとりを思わせた。筆者にもたれかかってくる退行現象もみられ，Aがより原始的な母子関係を再構築しているような様子であった。

セッション14

このセッションでは，さらに集中して太鼓を叩く様子が見られた。筆者との「音楽的関係」がさらに深まった感触があり，筆者はラフマニノフ風の和声を取り入れた音楽でサポートすると，太鼓を両手でしっかりと叩く。転調して盛り上がる音楽では，「笑顔が花開く」ような感じで，身体全体を大きく縦に揺らしながら振りかぶって叩く。身体が開いて，エネルギーも一打一打に込められている非常にポジティブな体験をしている場面であった。

最後のグッドバイでは，筆者の弾くスピネットピアノの対面に来て，左手の親指をくわえながらグッバイと歌う。セッション9のように，セラピストと関係性をしっかり構築した後のポジティブな退行であったと思われる。

セッション 15

　前回のラフマニノフ調の音楽を継続し，太鼓活動を拡充していった。Aはフレーズの認知が高いので，一度聴いたことがある音楽はすぐ理解し終わりを予測する。そこで，同じ音楽をアレンジし，いつ終わるか予測不可能な拍子や和声の変化（5拍子や偽終止和音など）を使って即興していくと，笑いながら，こちらの音楽のわずかな変化を聴こうとしている。お互いに，音楽の変化を認知できるかどうか，ゲームを仕掛けているようであった。しかし，あまり急激な音楽的な変化を提示すると不安になるため，ベースは継続して安定感を出しつつ，右手で和音を変えるなど音楽を修飾していった。すると，「もっと仕掛けていいよ」と言わんばかりに，連打してくる。少し興奮したときは，頭を揺らしながら叩くが，抵抗すること，他害することはまったく無くなった。

　後半でゴングとシンバルを導入する。この時は，彼女の表情が少し大人っぽくなったので，短調のゆったりとしたテンポの即興を提示した。減七和音が入った短調音楽に，少し切なそうな表情で反応し，シンバルを叩きながら，合い間にバチを口に入れる。退行と大人の両極端な面を表しているようであった。ここでの音楽の曲想の変化は，彼女のありようを投影していたと思われる。ここでは，退行をする物理的および音楽的な「間」を提供した。短調で，単音旋律も取り入れ，音の配列が少なめの，子供っぽくないが，しかし退行できる音楽，という，Aのニーズに沿ったホールディングミュージック（抱える音楽）を奏でて，Aに対して「退行したいときはしていいよ。強がりたいときは強がっていいよ。どんな状態でも『そこにいるだけでいいよ』」というメッセージを込めた音楽を提示していった。そうすると，Aはコセラピストの膝にゆっくりともたれかかっていったのである。コセラピストはAを物理的に抱きかかえ，筆者は音楽でそれをサポートしていった。

　しばらくすると，Aが目をパチパチさせて「これからどうする？」というような表情をしたので，無調音楽でユニゾンをスタッカートで弾き，楽器活動に移行できるようガラッと曲想を変化させていった。ここでは，退行させ過ぎるとその状態をAが認知し過ぎて，またコセラピストを「咬む」のではないか，という筆者の直感から，そのエネルギーをよりポジティブな表現となる楽器活動に転換していこうと考えたからである。Aは，お茶目な表情でタンバリン

を両手で叩き，ゆっくりと満足そうに退室していった。

セッション 16

年度最後のセッションであり，結局，両親の突然の引っ越しにより最後の音楽療法セッションとなってしまった。太鼓や身体活動を行い，セッションの最後に筆者の隣に座ってピアノを弾く。筆者が丁寧に音を拾って A の音を中心とした連弾音楽を創っていく。7th が入った少し大人っぽい和声になると「ウェイウェイ」と幼児のような喃語を発し「それは大人っぽ過ぎる」といわんばかりに筆者を見る。そして，筆者の耳元に顔を近付けて「I don't wanna go（帰りたくないよ）」と言い，全身をもたれかけてきた。

ここでも退行している様子が見られたが，以前の退行の質と少し異なり，A 自身が分かっていてあえて甘えている様子である。このセッションでは，セラピスト二人に対して身体を預けるようにもたれかかり，しかし退室時は「Good bye」と一人で歩いて帰っていった。創造的音楽療法評価スケール I で，参加は 4 点，抵抗は 6 点で，総合評価は 5.0 ポイントであった。A とセラピスト達との関係性の質が，徐々に変化し向上していることがわかる。

結果と考察

他害行為という，対人関係において適切な表現が困難であった A との 16 回にわたる音楽療法セッションを紹介した。

初期の段階では，他害をせざるを得なかった A のエネルギーの矛先を，まず音楽を使った身体表現というポジティブな方法に転換し，セラピストと音楽と一緒に，動く，止まる，見る，真似する，という活動において，より原初的な関係性を形成していくことが可能となった。そのさい，使われた音楽は分かりやすくシンプルで，かつエネルギーを包含しさらには発散させられるような音楽要素（ベース音の動き，和声，テンポ，音域の変化，音の強弱，リズムなど）が臨床的に即興されていた。クライエントが，ポジティブにエネルギーを処理することを体感し，かつ適切な方法で表現することを学習していったのである。

また，タンバリンや太鼓，シンバルといった楽器を「叩く」活動を通して，

自身の出しているエネルギーの量や質を意識し，その音を感じる・聴く，またはセラピストの摸倣によって客観的に捉えることを通して認知することができたのである。そして，身体活動や楽器活動における表現は，たんなるエネルギーの発散や感覚刺激に留まらず，スターン Stern, D.（1985）の言うところの「生気情動」の調律として，関係性の形成に大きな役割をもたらしていたと考えられる。パヴリセヴィッチ Pavlicevic, M.（1997）は，特に音として表れる生気情動を「ダイナミックフォーム」と呼び，即興演奏はセラピストがクライエントのダイナミックフォームに調律することから発展する，と述べている。

　筆者は，即興音楽を使ってクライエントに臨床的介入を行ったが，既存の曲のアレンジも使用した。特に A は，シューマンやラフマニノフといったロマン派の音楽の和声進行や調性の変化に対して，顕著な反応を示した。筆者のアプローチではどちらかというと無調の自由即興を活用することが多いが，無調の即興だと A にとっては枠が自由過ぎて，戻ってこられない不安を持たせたのかもしれない，と考察する。ロマン派の「調性という枠」がある中で，転調という「枠組みの中における予測性のなさ」が「安全基地」からの小さな冒険，になったと思われる。このように，音楽的予測性が安心感をもたらし，慣れ親しんだメロディやハーモニーのモチーフが心理的な「安全基地」となるのである。

　特にセッション中期では，これらロマン派の音楽を中心にアレンジを加えていき，A の楽器演奏の拡充を促進した。筆者はプライマリーセラピストとして，A の「7 歳だけれど少し大人っぽく振舞ってみたい面」をサポートしつつ，跳ね飛ぶようなオクターブを含む和音で華やかさを出し，彼女のセルフエスティームを保持しながらも，和声の内声部を半音で移動したり，様々な葛藤（喜び，怒り，フラストレーション，痛み，憧れなど）を表出できるようなテンションコードを含む和声進行を活用して「痛いほど審美的で情緒的な音楽 painfully beautiful and emotional music」を即興することを目指した。このような音楽の臨床的使用は，A が自分の感情を誰かに受容されるという体験を促すことができた。また，A の内的状態を反映する音楽を筆者がフィードバックしていくことによって，A の体験している情緒的な葛藤を A 自身が認識するという自己覚知 self-awareness にも繋がっていったと思われる。

さらに、これらの作業を協働的に行うことで、Aとセラピストの間に強い信頼関係が生まれ、それはAにとってより盤石な「安全基地」となっていった。そして、そこからさらに様々な冒険をすることを可能にしたのである。Aとセラピストの関係性が構築されると、音楽的あそびの質も変化していった。Aは安心して自分の「子どもらしさ」を十分に表現することができるようになった。セッション中盤から後期にかけて「本当の抱っこ」を共有することができ、また喃語や音での原初的なやりとりで「音あそび」をするなど、ポジティブな退行状態における「あそび」が展開されていった。

稲田（2007）は、「あそぶこと」についてウィニコット Winnicott の理論を引き合いに出しながら、「（音楽療法の）クライエント達に見られる自己防衛的な行為や欲求不満に対する耐性の低さは、成長の早期段階から十全な『抱える機能』を経験することが希薄であったことをうかがわせる。いま、ここで、最早期の母親的養育の環境を彼らに差し出すことは、彼らの成長過程において堆積されてきた環境側の失敗を『解凍』し、抱える機能を再体験する機会を提供すること、そして抱える機能の内在化を彼らに促すことを意味する」と述べている。

Aがセラピストにもたれかかる、指をくわえるなどの退行は、Aの本来の「子どもらしさ」「甘え」の表れであったと考える。しかし、その「子どもらしさ」をうまく表現することができず、大人に対して咬む、叩く、蹴るなどの注意引き行為になっていたとも思われる。Aは、音や声のやり取りを通してより原初的な対人関係を再構築することができ、またそこから発展して太鼓やシンバルにおける自己実現を体験することで、受容された実感を持ち、他害をする必要がなくなった、とも考えられる。

プライアー Prior, V. らは、「愛着の安定性」には「対人コンピテンス」や「遊びコンピテンス」が常に関係していると述べている。上記のセッションのように、即興演奏を通して音楽で「あそぶ」ことは、稲田（2007）が指摘するところの、母親と乳児が遊ぶことと、セラピストとクライエントが音をやりとりしながら演奏することの「プレイング playing」に一致するであろう。

正直な印象として、音楽療法開始当初のAは、不気味な笑顔で近寄って来て咬む・つねる「ちょっと怖い」印象を与える子どもであった。また、実際に

咬まれたりつねられたりすると，セラピストとしての筆者にも物理的な痛みだけではなく，心理的痛みが加わっていた。また，Aが抱えている複雑な葛藤が複雑かつ強過ぎて，筆者がどのように反応したらよいか治療中にわからなくなり，落ち込み悩んだこともあった。しかし，定期的にスーパーヴィジョンを受け，自身の精神分析を受けるなどして，治療者としてのセルフケアを継続し，Aに対する気持ちも変化していった。

冒頭に述べたように「心理療法とは対人関係における治療プロセス」（Bruscia）であるため，筆者の逆転移を理解することや治療者としての心理的変容も，Aの反応に大きな影響をもたらしたと思われる。Aの存在が，「ちょっと怖い」子どもから，音楽に素直な反応を示して甘えたりもする「可愛い」子どもに変容していき，筆者の音色や曲想も変化していった。

おわりに

継続予定であったAが音楽療法を辞めてしまったため，我々セラピストは，クライエントからの「見捨てられ感」を体験した。特に，後期のセッションで，セラピストを信頼することができるようになり，ようやく本来の「子どもらしさ」を取り戻すことができたという，治療上の手応えも感じていただけに，正直ショックであった。あれからどのような学校にいっただろうか，どのようなセラピストに出会っただろうか，と今でも気がかりである。しかし，6か月という短期間にわたる出会いではあったが，Aとの音楽療法セッションは筆者に貴重な体験を残してくれた。

他者を「咬む，つねる」と言う行為は，Aの小さな身体に溜まっていた怒りやフラストレーションを「どうにかしてよ！」「私をちゃんとみてよ！」という，彼女の切実なメッセージであったと考える。表出言語の有無に関わらず，表現できない感情を昇華し認識するために，そしてそれを発散させるために，音楽は非常に有効な非言語的媒体となった。そしてそのような音楽体験を可能にする「時空間」を創り出せたことが，音楽療法士ならではの役割であったと考える。

注

注1）Nordoff & Robbins（2007）によって創られた即興的音楽療法の評価表である。スケールⅠ「協同的音楽活動における子どもとセラピストの関係」，スケールⅡ「音楽的疎通性」，スケールⅢ「ミュージッキング：活動の形式，参加の段階と質」の3種類がある。本論で使用したスケールⅠでは，クライエントのセラピストに対する反応を「参加度」「抵抗」の7段階に分け，総合ポイントを算出する。

注2）タイムアウトとは，行動分析学用語で，ある反応に随伴して行動を強化する強化子へ近づくことを禁止することで，その反応の生起確率を現象させること。ここでは負の強化子（例：教室の外に出る，隅で待つなど）を与え，正しい行動への条件を強めることを指している。

引用文献

稲田雅美（2012）音楽が創る治療空間：精神分析の関係理論とミュージックセラピイ．ナカニシヤ出版．

岡崎香奈（1997）学校に行けなかったNちゃん――不登校児を対象にした音楽療法の試み．日本臨床心理研究所，音楽療法，第7号，39-45．

岡崎香奈（1998）続・学校に行けなかったNちゃん――即興手法モデルにおける一考察．日本臨床心理研究所，音楽療法，第8号，41-48．

岡崎香奈（2004）児童領域における音楽療法．飯森眞喜雄・阪上正巳編：芸術療法実践講座4 音楽療法．pp.67-81，岩崎学術出版社．

Bruscia, K.（Ed）（1998）The Dynamics of Music Psychotherapy. Barcelona Publishers, Phoenixville, PA.

Nordoff, P. & Robbins, C.（1962）Children's Play Songs（5 volumes）. Theodore Presser Co. PA. から抜粋（日本ノードフ・ロビンズ音楽療法士の会 ¦岡崎香奈・二俣　泉・八重田美衣・他　訳（1999）創造的音楽療法曲集：子どものためのプレイソング．音楽之友社．

Nordoff, P. & Robbins, C.（2007）Creative Music Therapy: A Guide to Fostering Clinical Musicianship（Second Edition: Revised and Extended）. Barcelona Publishers, Phoenixville, PA.（林庸二・岡崎香奈ほか監訳（近刊）創造的音楽療法：クリニカル・ミュージシャンシップ育成のためのガイド（第2版；改訂増補版）．ミネルヴァ書房．

Prior, V. & Glaser, D.（2006）Understanding Attachment and Attachment Disorders: Theory, Evidence and Practice. Jessica Kingsley Publishers. 加藤和生監訳（2008）愛着と愛着障害．北大路書房．

Pavilicevic, M.（1997）Music Therapy in Context: Music, Meaning and Relationship. Jessica Kingsley Publishers. 佐治順子・高橋真喜子訳（2005）音楽療法の意味：心の架け橋としての音楽．本の森社．

Stern, D.（1985）The interpersonal world of the infant. Basic Books. 小此木啓吾・丸田俊彦監訳（1989）乳児の対人世界 理論編．岩崎学術出版社．

第4章
コミュニティ音楽療法の視点でみるノルウェーの小学校での音楽療法

井上 勢津

はじめに

　これは幼少期に罹患した急性骨髄性白血病への放射線治療の後遺症として神経心理学的な障害をもつ小学校7年生^{脚注1)}（12歳）の少女リヴを中心に，小学6年生（11歳）の知的障害をもつ少年ヨン，そして健常なクラスメートを巻き込んだコミュニティ音楽療法の事例研究である。リヴへの音楽療法は彼女が小学校5年生（10歳）の秋から少女が通うノルウェー西部の中都市（人口1万人程度）の市立小学校で提供され，2000年9月から2001年3月までに行われた21回のセッションがこの事例研究にまとめられた。

社会的背景

　ノルウェーでは1960年代半ばから障害者に対するサービスが向上し，施設内での障害者の人権軽視，社会的孤立，自由の剥奪などが問題視されるように

脚注1）ノルウェーの小学校7年生は日本の中学1年生にあたる。ノルウェーでは，かつて7歳が小学校入学年齢であったことの名残で，6歳が小学校入学年齢となってからも中学校への入学年齢は変わらず，このため小学校では7年間の教育が行われている。

なり,「ノーマライゼーション」が公的な場で議論されるようになった。これにより,障害者施設の解体とサービスの地方分権化が進み,障害者は施設から地域へと戻り,地域コミュニティの中で生活を始めた。知的障害者に関して言えば,1991年に実施された知的障害者の保健改革の導入[脚注2]によって,この動きは一応の完結をみることとなった。障害をもつ子どもも同様であり,かつては親元を離れ,養護学校に通い寄宿舎生活を送っていたが,親元で暮らし,地域の学校へ通学するようになった。しかし,障害者の「普通に（ノーマルに）」生活する権利が遵守され,地域コミュニティからの孤立が解消された一方,障害者の地域コミュニティや学校内での孤立という新たな問題が生じてきた。この状況への対応策として行われたパイロットプロジェクトがスティーゲ Stige, B. らが1980年代前半に行ったグロッペンプロジェクト[脚注3]であり,ノルウェーにおけるコミュニティ音楽療法のさきがけとなるものであった。このプロジェクトの成果を受け,ノルウェーではコミュニティ音楽療法が定着し,多くの実践がコミュニティ音楽療法の視点を持ち,行われてきた。

　先に述べたように,ノルウェーでは障害をもつ子どもと健常な子どもが同じ地域の学校に通学しているため,多くのセラピストが学校で活動を行っている。これは障害をもつ子どもへのケアサービスのひとつであり,音楽療法は数学などの学科の代替として提供されているが,実際には健常なクラスメートも一緒に参加することが多く,このような場合,コミュニティ音楽療法として機能していると考えられるだろう。ここでの事例となった音楽療法活動も市の福祉サービスセクション[脚注4]との連携によりリヴとヨンへのケアサービスの提供として始められたが,そこにクラスメートが参加することにより,コミュニティ

脚注2) HVPU (Helsevernet for Psykisk Utviklingshemmede-reformen, 知的障害者のための保健機構改革)

脚注3) 1983～86年にソグンオグフィヨルダーネ県グロッペン市で行われた文化プロジェクト,国,県,市,ノルウェー音楽療法協会による共同事業であり,スティーゲをはじめとする3人のセラピストが従事した。1993年,スペインで開催された音楽療法世界会議でこのプロジェクトが紹介され,この新しい方向性をもつ音楽療法が『コミュニティ音楽療法』と呼ばれるようになった。

脚注4) Pedagogisk-psykologisk tjeneste（教育的及び心理的なサービス）は市または県に設置される機関で,何らかの理由で学習が困難な状況にある子ども,青少年,成人への適切な教育的及び心理的ケアの提供を担当している。

音楽療法としての意味合いを持つようになった。

クライエントの背景

　リヴは1歳半で急性骨髄性白血病と診断され，3歳になるまで入院加療（抗がん剤投与及び放射線治療）が続けられた。この時点では時折，てんかんの発作があったものの，神経心理学的な障害に関する記録は残っていない。しかし3歳を過ぎると，学習障害がみられるようになり，5歳の時点では視覚動作協調，情報処理能力，社会的学習能力に問題があると報告され，11歳の時点では精神的な機能や空間把握，数量把握に著しい問題があると指摘された。これらの問題は急性骨髄性白血病の治療として頭部への放射線照射を行ったことによる後遺症と診断された。リヴは外見や振る舞い，また言語的な発達からはその障害をうかがい知ることはできなかった。しかし，字を書くことは出来ても真直ぐに書くことは出来ず，頭の中に文章は浮かんでもコンピュータのキーボードから書きたい文字を探すのは容易ではなかった。またクラスの誰よりも多くの歴史年号を記憶できても昼食時にクラスの人数分14本の牛乳を数えて教室に持ってくることはできなかった。実際，リヴの脳のどの部分がダメージを受けているのかは解らない状況で，新しいことに取り組むたびに新しい問題が見つかるといった具合だった。リヴはここの状況や周囲の人が自分をどのように判断しがちかということを十分に理解しており，そのことが自己評価の低さ，自信のなさ，人間関係の希薄さへとつながっていた。リヴは幼少の頃には地域の合唱団に所属していたがすでに退団しており，母親の話によると家庭でも特に能動的な音楽との関わりを持ってはいなかった。

　1歳年下の知的障害をもつヨンの障害の程度は中度であり，所属するクラスでクラスメートと同じ授業を受けるのは難しい状態だったため，教室内では特殊教諭によって別の学習プログラムが組まれていた。身体運動は鈍重で，精神的にも浮き沈みがあり，不安定であった。筆者が最初に見たヨンはクラスメートとのサッカーに興じていたが，笑顔でボールとは逆の方へ一人で走っており，ヨンの障害の重さとクラス内でのヨンの状況が容易に想像できた。しかし，ヨンは市立音楽学校[脚注5]で趣味としてドラムのレッスンを受講しており，ドラ

ムはすでに≪ヨンの楽器≫となっており，どんな曲でもスネア，ハイハットシンバル，シンバルで簡単なリズムパターンを叩くことができた。ヨンは自分の状況を良く理解しているようには思えず，クラスメートが一緒にいてくれないと学校内で泣いている姿がしばしば見られた。

音楽療法の提供

リヴへの音楽療法の提供は小学校5年生の秋学期（1998年）から行われた。当時，その小学校ではヨンへの週1回90分の音楽療法の提供が行われており，リヴはそのセッションに加わることになったのだ。2000年度秋学期のリヴへの個別教育計画では，①多くの質の高い経験を通し，ポジティヴな自像をもつ，②授業や課外活動のいずれにおいてもクラスの一員となる，③自らの長所を伸ばし，それを最大限に利用する，という3項目が目標とされた。これに基づき，リヴへの音楽療法の目標は，①達成感を感じること，②（そのために必要な）音楽的スキルを修得すること，③（その結果として）仲間との関係性を構築すること，と定められた。2001年春期には音楽療法の目的は，①あらゆるタイプの音楽スキルの習得，②仲間との関係性の構築に改められた。

2000年度のセッションにはセラピストのほか，リヴとヨンを担当する特殊教諭と音楽療法学生であった筆者が参加した。音楽室で行われたセッションは休憩をはさんで1時間ずつに分けられ，前半はリヴとヨンだけの時間，後半は2人に加え，彼らのクラスからそれぞれ1名のクラスメートが参加した。使用楽器は電子ピアノ（主にセラピスト用），電子オルガン，ドラムス（スネア，ハイハットシンバル，シンバル），ベースギター，ジャンベ，木琴（オルフ楽器），マラカスやギロなどの小物楽器であり，電子オルガンやベースギターには音を示す色テープが使われていた。楽譜はファイルにまとめられ，リヴとヨンが毎回，楽譜ファイルを持参していた。

脚注5）ノルウェーでは各市がプロを目指す若い音楽家から趣味で音楽を学ぶ人までを対象とし，音楽学校や文化学校を運営している。音楽療法も各市に採用されたセラピストにより，市立音楽学校で提供されることもあるが，ヨンは通常のドラムレッスンに通っていた。

治療プロセス

　この事例研究には筆者が参加した 21 回のセッションがまとめられているが，セッション 9 〜 11，セッション 15 〜 16 は筆者が別プロジェクト参加のためにセッションを離れていたため，詳細記述は残っていない。
　21 回のセッションはコンサート，新しい編曲の導入を経て，以下の 5 期にわけられる。

第 1 期　セッション 1 〜 4

　セッション 1 の前半，リヴは楽器演奏にも新しくグループに加わった筆者にも全く関心を示さなかった。彼女が筆者を見て微笑みかけることは一切，無かった。唯一，芝居風に仕立てた童話をリヴとヨンが演じた時，数語を発し，微笑を見せた。休憩後，リヴはクラスメートの女児 2 人[脚注6]と音楽室に戻ってきた。クラスメートは私を見て，何かを言い合い，私に微笑みかけた。リヴはクラスメートに囲まれ，同じように少し微笑みを浮かべた。セラピストがリヴにスウェーデン民謡『Vem kan segla förutan vind?』の電子オルガンパートを，ヨンにはドラムを担当するように促し，特別教諭がリヴのサポートについたが，電子オルガンを弾いている間，リヴは硬い表情のままだった。セッション 2 の前半では市立音楽学校でヨンのドラムレッスンを担当している打楽器奏者がゲストとして参加した。ヨンは興奮のあまり，音楽療法とは直接関わりのない 2 人の教諭と清掃スタッフを音楽室に連れてきた。リヴはヨンのこの行動に明らかに嫌悪の表情を見せた。音楽療法士がリヴに電子オルガンで『Vem kan segla förutan vind?（風がなくては航海できない）』を，ベースギターでアイルランド民謡『Gimme me your hands, friend（サリーガーデン）』を担当したいかどうか尋ねると，表情を変えずに「うん」とうなずいた。後半，歌詞が繰り返されるアフリカの歌が紹介された。リヴ，ヨン，2 人のクラスメートはセラピストの後について歌詞を繰り返した。特別教諭が順番に子

脚注6) この日はリヴの希望でリブのクラスから 2 名（うち一人はリヴの従姉）が参加した。

どもたちにマイクロフォンを差し出した。クラスメートたちがセラピストを見ていたのに対し，リヴは特殊教諭の口を凝視していた。この活動の間，リヴは微笑むこともあったが，時折不安な表情を浮かべた。電子ピアノで即興された『Troll（トロル）』[脚注7]に合わせて子どもたちが教室内を動きまわった。リヴは他の子どもたちの動きを観察し，音楽に合った動きを見つけ出した。しかし瞬時での空間把握が難しいリヴにとって，音楽室内を動き回ることは難しく，しばしば立ち止まり自分の位置を確認する姿が見られた。この時期，2か月後に校内で予定されていたコンサートに向け，秋休みをはさみ，レパートリー作りが行われた。このことは毎回のセッションでリヴとヨンに伝えられたが，リヴに変化は見られなかった。

第2期　セッション5～6，校内コンサート

セッション5の後半とセッション6は校内コンサートのリハーサルに使われた。セッション6ではリヴとヨンのクラスメート全員が参加し，この時点までにセッションに参加したクラスメートによるバンドとヴォーカルソロと合唱パートの合せをすることになっていた。しかし，事前に各クラスで合唱パートを練習してくることになっていたものの，上手く歌えてはいなかったため，セラピストは合唱パートにかかりきりとなった。リヴはしばらく彼らの練習を聴き，その後，合唱パートの練習のために電子オルガンとベースギターを弾くことになった。特殊教諭のサポートが必要ではあったが，すでにコンサートレパートリーは自分のものにしていた。セラピストが愉快な言葉で合唱パートに指示を出すと，リヴは声を出して笑った。コンサートは2日連続で2回行なわれた。1回目のコンサートは夕方，保護者や地域の人を招待し，学校の体育館で行なわれた。これは学校が学校内でノーマライゼーションが行われていることを学校外に示す機会でもあり，市の教育関係者なども臨席していた。コンサート前の舞台リハーサルで，音量のバランスから『Africa（アフリカ）』のソロヴォーカルを2人から4人に増やすことになった。リヴはこの曲では合

脚注7）ノルウェーで古くから言い伝えられてきた想像上の粗暴で醜い怪物。子どもたちには絵本や口伝を通してよく知られており，作曲家グリーグ Grieg,E. がトロルを題材にした曲を数曲書いたことから，音楽でも馴染みの深い存在である。

唱メンバーであった。セラピストがリヴにソリストにならないかと声をかけたが，首をふって拒否した。セラピストはヨンのクラスメートの女児にソリストになるように促し，彼女はそれを受け入れた。再度，セラピストがリヴを誘い，ソリストに決まった女児が「私と一緒に歌おうよ」と声をかけると，リヴは頷き，ステージの真ん中へ歩き始め，ソロヴォーカルの一人となった。コンサートの途中で電子オルガンの調子が悪くなったが，リヴはそのことを明確に説明したため，セラピストが早くに対応し，大きな問題にはならなかった。リヴは電子オルガンを担当した曲では部分的に練習通りに弾くことができなかったが，その表情は満足そうに見えた。コンサート後，ヨンが興奮して筆者に抱きついた時もリヴは微笑んで見ていた。その後のスタッフ会議で，翌日に開催される2回目のコンサートでは観客となる高学年の児童が一緒に歌える曲を加えることになった。リヴにはヴォーカルではなく，電子オルガンで参加させることを決めた。2回目のコンサートの前にリヴはこの新しい曲を少し練習した。コンサートでは特別教諭に代わり，筆者がリヴのサポートにつき，鍵盤を指さし，リヴはその通りに弾いた。

第3期　セッション7～12

セッション7ではリヴはハミングをしながら音楽室に入ってきた。セッション5までのリヴとは違い，不安げな様子が軽減されているように見えた。初めて2曲の日本の歌『アイアイ』[脚注8]，『ズイズイ（ずいずいずころばし）』[脚注9]が紹介された。リヴは日本の歌，特に日本語の響きに興味をもち，集中しているように見えた。筆者が『ズイズイ』の手遊びを見せ，一緒に行った。リヴは親指と人差し指で輪を作ることが難しく，また他人が作った輪に人差し指を入れて回ることはさらに難しかった。セラピストが指の輪をひとつずつ指差し，リヴはその指示に従い，指の輪に人差し指を入れた。曲が終わるとリヴは笑顔を見せた。すでにクリスマスシーズンが始まっており，セラピストがリヴにヨンのドラムに合わせ，クリスマスソングを歌うように勧めた。リヴ

脚注8）『アイアイ』は筆者が全曲を歌い，リヴとヨンは「アイアイ」という言葉を模倣した。
脚注9）歌詞は長く，模倣が難しいため，「ずいずいずころばしごまみそずい」という歌詞を繰り返し用いた。

は前年度の楽譜ファイルにはクリスマスソングがあるが，今年度の楽譜ファイルにまだそれらを移していないとはっきりと説明した。リヴがセッション中にこれほど明確に物事を伝えたのは初めてだった。リヴは電子ピアノのそばに立ち，セラピストの電子ピアノとヨンのドラムの伴奏で，クリスマスソングを2曲歌った。ヨンも以前より適切なダイナミックスでドラムを演奏するようになっていた。特殊教諭と筆者は椅子を並べ，観客として演奏を聴いた。休憩後，ヨンは後半の始まりを理解せず，歩きまわっていた。これはいつものことで，かつては，リヴはヨンのこのような行動には嫌悪感を見せていた。しかしリヴは彼の名を呼び，「ここに座って」と言い，セラピストと筆者を見て微笑んだ。

　後半はクラスメート2人が加わり，コンサートレパートリーだった黒人霊歌『Gimme that old time religion（ギンミー・ダット・オールドタイム・レリジョン）』を演奏した。この日参加したクラスメートはこの曲をコンサートで歌ったことはあったが，楽器を演奏すること自体が初めて彼らはベースギターやジャンベの練習に熱中した。リヴはコンサート同様，電子オルガンを担当し，筆者がサポートした。この曲で初めて筆者は鍵盤の指さしではなく，色の名前で次の音を指示した。リヴはこの新しい指示の方法に戸惑いをみせなかった。これ以降，リヴへの，電子オルガンを弾く際の色を用いた指示方法は定着し，新しいレパートリーが次第に導入され，演奏が確実さを増していった。またこの時期，それぞれのクラスの中でリヴとヨンの音楽療法への参加希望者が多くなっており，毎回，多くの児童が立候補するとクラス担当教諭から報告があった。セッション12でアフリカの歌『Everybody loves Saturday night（誰でも土曜日が好き）』が紹介された。リヴの電子オルガンパートは「ド」と「ソ」の単音みであり，リヴは明らかにつまらなそうな，満足できない表情を見せた。このことからセッション後，リヴが和音を弾くための方法が検討され，筆者がすべての使用楽曲の再編曲を担当することになった。これは電子オルガンパートだけでなく，他のパートの見直しでもあった。その結果，1）リヴが演奏するパートはすべて視覚動作協調に対する補助的なサポートを楽譜内に含んでいること，2）どのパートも音楽的な中心であると感じることができる要素を含んでいること，3）どのパートも一人で演奏しても魅力的なこと，4）どのパートもセッション内に習得できる難易度であること，が盛り込まれ

た編曲となった。リヴに対してはコード毎に色を変えたり，右手と左手で違う色を使うなどのカラーシステムが補助的な方法として試された。

第 4 期　セッション 13 ～ 18

　セッション 13 の前半ではコード毎に色づけした『Everybody loves Saturday night』の楽譜が電子オルガンパート用に導入された。コード毎に色づけされた楽譜を見せ，セラピストが楽譜を色づけしたのは筆者だと説明するとリヴは筆者を見て微笑んだ。筆者がメロディを歌いながら電子オルガンでリヴのパートを弾くと，リヴは自ら電子オルガンを弾き始めた。正しい鍵盤に指を動かすことは難しかったが，筆者が鍵盤を指して補助し，休憩までにリヴはこの曲の新しい電子オルガンパートを弾けるようになった。リヴはメロディをハミングしながら，嬉しそうな表情で電子オルガンを弾いた。後半，セッションに 2 人のクラスメートが加わった。音楽療法士はリヴとヨンに『Everybody loves Saturday night』をクラスメートに聴かせるように指示した。リヴは電子オルガンを弾き，ヨンはドラムを叩いた。

　この模範演奏の後，クラスメートもベースギターとジャンベで合奏に参加した。途中，担当楽器を交替することになり，リヴはジャンベを選び，ジャンベを叩いていたクラスメートが電子オルガンに移った。筆者は彼女にジャンベのリズムをリヴに教えるように頼み，彼女はリヴにわかりやすいように教え，リヴもすぐにリズムパターンを習得した。リヴの隣で，もう一人のクラスメートが大きな声で拍を数えながらドラムを練習していた。リヴは一人でジャンベを叩き続けた。リヴがこのように自ら集中して練習するのは初めてだった。熱中するあまり，リヴは気分が悪くなり，休憩が必要となるほどだった。セッション 13 の後，同じように新しい 2 曲にもコードの色付けがされた。電子オルガンを弾く時，リヴには少しのサポートが必要だったが，電子オルガンは≪リヴの楽器≫となっていった。この時期，クラスメートがリヴやヨンをサポートし，活動後の楽器の片付けを積極的に行うようになっていた。そして筆者と楽器の場所を最終チェックするのはリヴの役目だった。

第 5 期　セッション 19 〜 21

　セッション 19 では演奏を録音し，リヴとヨンはカセットテープを自宅に持ち帰り，家族と聴いた。セッション 20 では前半に演奏風景をヴィデオに撮り，後半はクラスメートとのセッションではなく，ヴィデオの視聴に使われた。セラピストがセッションの最初にこの計画を説明した。リヴは最初から興奮気味で，最初の 3 曲の演奏の後，集中力を回復させるために休憩が必要となった。彼女は『Everybody loves Saturday night』をいつものように弾くことができたが，次のノルウェー民謡『Byssan lull（子守唄）』では最終的には 3 拍分遅れてしまった。しかしリヴは途中で止めることはなく，最後まで弾いた。セラピストの「今日のあなたの演奏はどうだったか」という質問に「上手く弾けた」と答えた。後半は，くつろいだ状態でヴィデオを見せたいというセラピストの考えから，セラピスト，リヴ，ヨン，筆者の 4 人で市内の特殊教育幼稚園へと移動し，ソファーでジュースを飲みながら，ヴィデオを視聴した。ヴィデオを観ている間，リヴは困惑したように見え，何度も自分の髪の毛を触り，何度かヴィデオから目をそらした。しかしヴィデオの中の自分が嬉しそうな表情を見せたり，活動を楽しんでいるような様子を見せた時には，セラピスト，ヨン，筆者に順番に微笑んだ。ヴィデオを観た後，セラピストはリヴにいくつかの質問をした。リヴは「今日，私は電子オルガンを上手に弾くことができた。他の楽器より上手くできたと思う。とても満足している。私へのサポートも良かった。私の歌声は小さいが，たとえ他の人にその声が聞こえなくても私は歌うのは好き。もっと電子オルガンを習いたい。ドラム，ジャンベ，鉄琴は好きだけれど，ベースギターは嫌い」と答えた。セッション後，リヴは手を振りながら「さようなら」と言った。この時までリヴがセッションの最後に「さようなら」ということは無かった。セッション 21 ではノルウェーの有名なポップス『Tenne på musikk（音楽に光を灯せ）』がレパートリーに加えられた。電子オルガンのパートには敢えてオクターブが使われた。「ド」から始まり，「ド（左手人差し指）・レ（右手人差し指）」「ド（左手人差し指）・ミ（右手人差し指）」と 2 本の人差し指がオクターブまで広がるという単純な構造だったが，「ド」を弾き続けるべき左手人差し指が右手人差し指の動きにつられていまい，リヴは休憩前にこの部分を弾けるようにはならなかった。休憩後，リヴは

ヨンとクラスメートと鬼ごっこをしながら音楽室に入ってきた。以前，リヴは体を動かすことに消極的であったが，この日は部屋中を駆け回り，歓声をあげた。後半，リヴとヨンはクラスメート2人が『Tenne på musikk』を練習するのを待った。この間，リヴは前半の間に弾けるようにならなかったオクターブを含んだ部分を何度も自分で練習し始めた。筆者はそれに気づいていたが，あえてサポートすることはしなかった。クラスメートの練習が終わり，全員で演奏をしたが，リヴはすでに自分のパートを弾けるようになっていた。セラピストはリヴの演奏を聴き，みんなに演奏を聴かせるようにリヴに勧めた。リヴはこれを受け入れ，セラピストと共に演奏した。リヴの演奏は完璧だった。クラスメートの拍手に大きく微笑みながら，手で顔を覆った。その顔は喜びに満ちていた。

考　察

　この事例研究ではリヴを同心円状の中心に据えることで，音楽療法がリヴ，ヨン，そしてクラスメートを巻き込んで展開していることが理解できる。音楽療法プログラム自体がセッションの前半はリヴとヨンのみが参加し，後半にはクラスメートが加わるというコミュニティ音楽療法の構造をもっており，ここから関係性の変化の広がりが明確に見えてくる。まずはリヴの変化から見ていきたい。

　コンサートのリハーサル（セッション5の後半）とコンサート（セッション6）を通してリヴは明らかに変化した。コンサート以前もリヴは電子オルガンで何曲かのレパートリーをもっていたが，演奏に集中することはなく，また満足した表情を見せることもなかった。これはリヴのパートが音楽の中で重要なパートではないと彼女自身が感じていたこと，鍵盤の指さしという視覚動作協調に問題を抱えるリヴには適切ではない方法で指示が与えられていたこと，そしてヨンが同じグループにいることに起因していたと考えられる。しかし，セッション5の後半でクラスメートの練習のために演奏することを経験し，リヴは劇的に変化した。他人のために何かができる自分を経験したことはリヴを大きく成長させたと言えるだろう。またそれは同時に，合唱や楽器演奏がクラ

スメートにとっても決して容易なことではないことにリヴが気づく機会でもあった。1回目のコンサートの舞台リハーサルで女子児童から「私と一緒に歌おうよ」と声をかけられ，多くの観客の前にソリストとして歌ったことはリヴの自信の現れと考えられる。またリヴはバンドの重要なメンバーであり，コンサート中に自ら楽器の不調をセラピストに告げたことからもその責任を果たそうとするリヴの意志が感じられる。セッション13では新しい編曲が導入され，リヴは以前より容易に電子オルガンパートを習得することができるようになった。この時期，リヴはセッションの間，一人ですすんで楽器を練習することが多くなった。これはリヴが電子オルガンの演奏で達成感を感じ，自分が音楽の中で重要なパートを担っていることを実感したことが自己効力感と結びついたと推察される。

　このようなリヴの変化はヨンとの関係性の変化へと広がっていった。以前，リヴはヨンを受け入れてはおらず，知的障害をもつヨンと共に音楽療法を受けることが理解できない様子を見せていた。音楽的にはヨンが市立音楽学校でドラムのレッスンを受けていたことからリヴとヨンはほぼ対等な立場にあったが，リヴがヨンに対し嫌悪感を持っていたのは明らかであり，ヨンの存在がリヴの表情を曇らせる原因の一つであることは容易に想像できた。しかしリヴは自らが変化するに従い，次第にヨンを受け入れるようになった。1回目のコンサートの後，興奮のあまり筆者に抱きついたヨンにリヴは温かい視線を送った。またセッション21ではリヴとヨンが鬼ごっこをする姿が見られた。また筆者がセッション日以外に小学校を訪ねた際にはドアに指をはさみ怪我をしたヨンの泣き声が廊下中に響く中，筆者のところに駆け寄り，「ヨンは大丈夫だから」と言うなど，ヨンの行動に気を配るようになっていった。ヨンもこれに呼応し，セッション中に泣くことも少なくなり，精神的に安定していった。

　21回のセッションを通して，クラスメートの存在はリヴとヨンに大きく影響していた。彼らはリヴとヨンにとって何かを成し遂げる際の格好のモデルであった。また楽器演奏に関してはリヴやヨンがクラスメートのモデルとなることもあり，このことは彼らにとって大きな励みとなった。リヴはクラスメートに対して積極的に関わるようになっており，特殊教諭によるとリヴは自分の苛立ちが自分とクラスメートの距離を開いていることに気づき始めていた。また

実際，クラスメートの中には勉強が苦手で劣等感を感じていたり，家庭での人間関係から精神的に不安定であったり，落ち着きのない児童もいたが，セッション7や13で見られたように，45分のセッションの間，失敗感のない状態での演奏に熱中することで，セッションの終わりには大きな変化を見せる児童も少なくなかった。クラスメートが楽器の後片付けを率先して行うようになったのもリヴやヨンをサポートするという気持ちからだけではなかっただろう。

　しかし，リヴの変化やリヴとヨンとの関係性の変化によって，リヴやヨンとクラスメートとの関係性が変化するには至らなかったと考えられる。リヴは音楽以外の場面で，自分が何かを判断し決定しなければならない場合，依然としてクラスメートの方を見て，判断を仰ぐことが多く，これはクラスメートにとって重荷となっていた。またクラスメートは参加の順番が回ってくるのが3〜4か月かに1回であり，セッションの中で関係性の変化の兆しが見えてもそれが翌週のセッションに持ち越されることはなかった。コンサートでバンドメンバーに選ばれたクラスメートとリヴやヨンの間にはある種の連帯感が生まれたが，このバンドメンバーのうち，セッション21までにセッションに2回参加できたのは数名であった。21回のセッションではまだ半数のクラスメートが1回の参加をしたのみで，毎回，新しいゲストを受け入れているという状況であった。しかし，このようなゲスト参加によって，ある意味，グループが（クラスという小さな社会ではあるが）社会的な認知を得ていったことは間違いなく，クラスメートというゲストによってグループに持ち込まれた客観性がこのグループに新しい意味をもたらしていたのは事実であった。クラスメートが数回の参加を経て，ゲストではなく，グループメンバーとして機能するようになれば，学年，学校，保護者，地域の人々，行政関係者へとさらなる同心円の広がりにつながると考えられる。このような広がりを持つまでには時間が必要であり，コミュニティ音楽療法には長期計画の元でのプロジェクトの実施が不可欠であると言えるだろう。

おわりに

　この事例研究は筆者の音楽療法コース修了の際の論文を基にしている。論文

ではコミュニティ音楽療法の視点とは異なるアプローチでこの事例を分析したため，今回，治療経過の部分はそのまま翻訳引用し，残りの部分は新たに書き加えた。

　セッション 21 の後，イースター休暇をはさんでこのグループでのセッションは同年 6 月まで続けられた。そして新学期になり，リヴは中学校へ進学し，ヨンは遠く離れた土地へ引っ越したため，このグループがさらなる大きな広がりを見せることはなかった。しかし，筆者がコミュニティ音楽療法について考える時，このグループでの経験が大きな礎になっていることは間違いない。

参考文献

仲村・一番ヶ瀬編（1999）世界の社会福祉 6 デンマーク・ノルウェー 旬報社
Robert E. Stark（1995）The Art of Case Study Research, SAGE Publications
Brynjulf Stige（2002）Culture-Centered Music Therapy, Barcelona Publishers. 阪上正巳監訳（2008）文化中心音楽療法 音楽之友社
Jan Tøssebro, et al.（ed）（1996）Intellectual Disabilities in the Nordic Welfare States, Høgskole Forlag/Norwegian Academic Press. 二文字理明監訳（1999）北欧の知的障害者 思想・政策と日常生活 青木書店
Trygve Aasgaard（2006）Musikk og helse, Cappellen

第5章
認知症高齢者への個人音楽療法
即興演奏がもたらす内的世界の変容について

高田由利子

　私たちがより感情の世界に生き，認知の世界を生きることが少なくなっているので，記憶に残るのはあなたが何を言ったかではなく，どんなふうに話したか，ということだ。——クリスティーン・ブライデン——

はじめに

　認知症を対象に音楽療法を行う過程において，その方々の心の内側，つまり内的世界の変容を可視化する試みは，客観的・主観的な研究方法による実証化や実存的な意味性への追究などにより示されているが，セラピストとクライエントの相互関係のもとで純粋に紡ぎ出される音楽の力動には，すべてが可視化できない不可視世界も同時に存在し，それらが相互変容の原動力を生むこともある。その不可視な世界に手を伸ばす時，音楽の技術や臨床に基づいた理論などの知性，あるいはクライエントから発せられる声や音，身体の動きを描写し共感していく直感や表現力などの感性をバランスよく装備すると共に，クライエントとセラピスト間の相互作用によって生じる力動を具象化させるための創造力も必要となるだろう。本事例では，ピック病に罹患した方との即興音楽によるやり取りを通して，相互関係の力動が認知症の内的世界の変容にどのよ

うに働きかけたのかを，事例を通して再考してみたい。

高齢者における即興音楽の役割

　即興音楽を用いた音楽療法のアプローチでは，ノードフ・ロビンズ音楽療法（創造的音楽療法）が既知であるが，このアプローチは，人は誰でもが生来的に音楽に反応し関わる能力をもっているという「ミュージック・チャイルド music child」の概念[1]に支えられ，セラピーの志向は，クライエントとセラピストの相互作用による創造的な音楽体験に求められる。音楽的体験そのものが治療として用いられるという信条は，ブルーシア（Bruscia, K.）による"治療としての音楽 music as therapy"[2]の概念にも見られるが，音楽中心音楽療法 Music-Centered Music Therapy[3]の理論を提唱するエイゲン（Aigen,K.）は，さらにその概念を発展させ，音楽すること musicing が治療の中心に置かれることを強調し，他領域の理論に拠らない音楽療法独自の理論を構築する必要性に言及している。その場合，音楽を創造する目的がそのまま臨床的目標になることにも触れているが，音楽すること musicing に第一義的な意味を求める時，セラピーで使用される音楽の価値とクライエントの臨床的ニーズの関連性における意味性を明確にしていく事は課題として挙げられるだろう。

　認知症高齢者に即興音楽を用いる治療的効果についてロビンズ（Robbins, C.）[4]は，即興による声を使ったアプローチで言語を再獲得した失語症のケースや記憶機能の障碍に歌を用いた記憶の呼び起こし，あるいは即興音楽がクライエントの魂に触れることで穏やかな気持ちを取り戻し，人間らしい感覚を維持することを可能にすると言及している。いずれも，個々のペースを尊重しながら感情に寄り添い，自己表現を柔軟にサポートしていく即興音楽には，疾病や疾患を通り越した先に内在する健康的な自我への到達が可能であるとされることから，音楽はその人にとってのよりよい状態 well-being へ導いていくと考えられる。その事は，認知症の中核症状とされる記憶や見当識障害などへの働きかけだけでなく，老年期に直面する喪失体験（身体・認知機能の喪失，人間関係の喪失，社会性の喪失，家族の役割への喪失，アイデンティティの喪失な

ど）によって引き起こされる抑うつや不安，焦燥感などの精神的問題[5]の改善を促すといった治療的役割も十分に担えるだろう。

事例

概要
A氏　64歳　ピック病（発症時62歳），本態性血圧症
服薬：アリセプト，リスパダール　要介護1
横浜市にあるDデイサービスセンターを週5回利用
ADL：移動は見守りが必要だが，食事，更衣，排泄，入浴は自立。
身体面：両手足に振戦がある。重度の腰痛からベッドに横になる時間が多い。粗大運動や微細運動の機能は高い。
認知面：思考力や判断力の低下が見られる。
コミュニケーション：相手の声かけには頷くが，自分から話しかけることはほぼ見られない。二者択一には「分からない」と発言することが多く，言葉が出づらいことにより，言語による意志疎通は難しい。
情緒面：感情の起伏はあまり見られず，無表情など，表情に乏しさが見られる。ピック病の特徴に示されているような暴言や妄想は見られない。
改訂長谷川式簡易知能評価スケール（HDS-R）：11点

A氏に認知症の疑いが持たれたのは5年前である。九州に住む実父の見舞いに出かけた際，兄弟から伝えられていた病院に行かず，自宅を訪ねて父親がいないと困惑した時だった。この頃から単語が上手く出てこなくなり会話に困難を来すようにもなった。さらに翌年，実父の死亡を認識することが出来なかった為，医療機関で診療・検査をしたところピック病と診断される。現在は長女家族と同居している。

音楽療法への照会
A氏の音楽療法は介護職員からの依頼により始まった。半年前からDデイサービスセンターを利用し始めたA氏は，腰痛を理由に食事や体操（歩行訓

練, ラジオ体操など) 以外はベッドで休む事が多かった。習慣的な行動は言葉かけで疎通が取れるが, 二者択一などの問いかけには困惑し「分からない」と発言する事が目立った。自発的な発語が難しいことから他者との交流も乏しく, その日の体調や気分によっては余暇活動を拒否する事があり, 何もせずに過ごす日も見られた。次第に意欲低下による閉じこもりが目立つようになった為, 状態を改善, 解決させるために音楽療法に照会された。職員と共有した目標は, A氏が興味をもって取り組める活動を見つける事と, それらを通してコミュニケーションレベルを向上する事であった。

初回の様子

小刻みに足踏みするような歩行で音楽療法室に入室され, 椅子に座ると両手足と口元に激しい振戦 (以下, ふるえ) が見られる。筆者が自己紹介やここは音楽をする場所である事を伝えると頷くが, どこまで理解されているかの判断が難しい。A氏に好きな曲や歌手, そして出身地などを問いかけても, 口をぱくぱくさせており, しばらくした後「よく分からない」と答え, こちらが話しかける事に当惑した表情も見られる。言語や記憶に障碍があっても馴染み深い歌詞やメロディは記憶機能の刺激や情動の揺さぶりにより口ずさむ事があるという事は周知されているが, 入室からのやり取りとA氏の硬い表情や不随意なふるえの様相からは, 唱歌や歌謡曲のような歌唱 (声のみを用いるアプローチとは治療的な意味合いが異なる) を用いるアプローチでは, 主体的な表現を引き出す難しさを感じた。そこで, 非言語的な表現手段としての即興音楽によるアプローチを用いて, A氏のいかなる反応も受容し, 支持していく事で音楽的な相互関係の樹立を試みる事にした。

A氏にハンドドラムを叩くことを提案し両手にマレットを手渡すと, ふるえは依然として見られたが, 筆者がエオリア旋法を用いた中庸な四拍子で, 四分音符をベースとしてキーボードを弾き始めると, A氏は瞬時に気がつき, そのテンポに同調し始めた。しばらく中庸なテンポを維持していると, A氏のテンポにも安定感が生まれた為, 相互関係を少し発展する為にリズムパターンを取り入れた。一拍目をアクセントによって強調し, 二拍目を八分音符の二分割で軽めに弾き, 三拍, 四拍目は四分音符によるリズムパターンを反復し

たところ，A 氏はそのリズムパターンを瞬時に把握し，自己のテンポを調整して叩き始めた。リズムへの柔軟な対応性が見られた事から，さらに，リズム模倣によるやり取りへと展開させた。最後に「ふるさと」の歌唱を提案すると，歌詞カードには注意を向けるが，眉間にしわを寄せて全く歌わず，再び，両手足と口元のふるえは戻った。

初回の印象として，A 氏の行動に影響を及ぼす不随意なふるえや意思疎通を図ることの困難さから生じるストレスの高さから心理的な抑圧を感じ，十分に自己解放していく必要性を感じた。実際の様子を振り返ると，歌唱と即興によるアプローチでの反応に差異がみられた。言葉が出づらいことは歌唱にも大きく影響していたと思われるが，顕著な相違点は，手に何も持たない時は，意識を向ける対象がないことにより，振戦が A 氏の行動を支配するかのように，拍やリズムを感じ取ることへの障碍となっていたが，逆に，楽器を手にすると筆者のテンポやリズムに合わせることからふるえは治まった。これらは A 氏の集中力や参加意欲にも影響を及ぼし，リズムを用いた時には自己表現の高まりがみられた。人間に内在されるリズム機能は，和声やメロディよりも最後まで残存すると言われているが，クレア Clair, A.[6] は，重度の認知症にリズムを用いることの臨床的意義として，自由な自己表現の促進やリズム模倣によるやり取りの成立を挙げており，さらに，エントレインメント entrainment 理論を援用し，情動性のある対話的交流へと発展する可能性を示唆している。A 氏に内在する潜在的なリズム機能を A 氏自ら認識して表現する事は，外界と繋がる手段になるだけでなく，より自己との関わりが深まる事から，臨床的に音楽を用いる事で，ストレスの発散や抑圧された感情からの解放が促されやすいと思われた。

治療目標
- 自己表現や自己発散による感情の解放
- 興味の持続性による意欲の向上
- 感情の共有体験を介した意思の疎通を図る
- 自己のアイデアを他者と共有することで主体的で創造的な時間を過ごす

・残存機能の維持と潜在能力の活性化

治療構造

個人音楽療法を隔週，約20分実施する。約1年間で20回実施。スタッフは筆者（メインセラピスト）と職員1名（主に記録係）。セッション形態は，A氏と筆者の相互作用を基盤とした即興演奏を中心とする。使用楽器は，クラベス，ハンドドラム，グロッケンシュピール（オルフ教育楽器，SONOR NG-10，11音），ミュージックベル（カラー8音 タッチ式），キーボードなど。座席配置は，キーボードに向って筆者が座り，その右側にA氏が筆者の方を向いて座る為，斜め向い合わせの状態でセッションが行われる。

治療経過

・セッションの記述について

治療経過の記述については，セッションの中でクライエントとセラピストによってやり取りされた即興演奏による音楽描写が中心となるが，音楽体験を臨床上の言語に置き換えるとき，その音楽体験が内在する純粋性や本質性を忠実に描き出すことには限界があり試行錯誤を必要とする。パヴリセヴィッチ Pavlicevic, M. は，音楽療法のセッションの記述は，一元的ではなく多元的である事を示唆した上で，理論と臨床的記述の関係性を4つの極性，「具体的な描写」，「抽象的描写」，「厳格な理論に基づいた描写」，「論理性がない描写」[7]で表している。それぞれは独立性よりも関連性が志向されており，特に，「具体的な実践」と「実践に基づいた理論」がバランスよく織り込まれる事の重要性を指摘している。従って，本事例でもA氏の心的状態の変容について重要だと思われた場面を6つ抽出し，A氏の即興音楽に対する反応を詳細に記述することで，音楽の臨床的意味について考察したいと思う。

第一期：ラポール rapport の形成，共感的姿勢，音楽的対話

場面① 3月16日

セッション2回目。クラベスに興味を示したので手渡すと，手がふるえた状態で緊張感の伴った非常に速い拍（M.M.＝約420）で叩き続ける。筆者は

キーボードを使ってA氏の拍を受容しながら合わせていき，クラベスの硬質な音質を不協和音で表現しながらA氏の緊張のベクトルに合わせていったところ，意識するように筆者を見た。キーボードの高音域で不協和音を弾き続けながら緊張感を維持すると，A氏の表情は次第に高揚感に包まれてくる。次に筆者がテンポを弛めて低音域に移行すると，A氏は瞬時に筆者のテンポに呼応してきた。より音楽への集中が見られた事と，何よりも，A氏からの自発的なテンポの調整がみられた事は，音楽の中で相互関係を少し発展させる契機と捉え，同じテンポを維持しながら，フリギア旋法によるシンプルなフレーズを反復したところ，切迫性のある叩き方から弾みのある叩き方へと変化した。ベースの安定した枠組みとシンプルなフレーズの反復が，何らかのまとまりをもたらしたことで，A氏に内在する柔軟性やゆとりが誘発されたと感じた筆者は，より円滑で流動性のある身体表現を促すためにリズムを変化させていった。初回でも見られたように，ここでもA氏は他者からのリズムの変化を瞬時に把握し合わせていくが，A氏自らリズムを変化させることは見られなかった。

音楽の臨床的意図
・ペースに合わせる pacing

言語での自己表現や意思疎通を図る事が難しいA氏にとって，打楽器による即興演奏は，他者が自分のペースに合わせている事を自ら認識できると同時に，その他者のテンポやリズムを自分の中に取り入れて自己表現へと変えていく自発性へと繋がった。A氏にとっての，分かりやすい音楽的相互交流が維持されたことは，即興音楽はA氏の自己表現やコミュニケーションの手段として有効だと思われた。また，セラピストが即興の中でクライエントのペースに合わせていく pacing[8] ことは，テンポやリズムに合わせるだけでなく，クライエントに内在するエネルギーレベルと同じ強度や速さに合わせていくことを意味し，ラポール rapport の樹立を図ったり，共感を引き出したり，自己認識を促進させるなどの臨床的なねらいがある。振戦の症状による不随意なふるえは，心理的な緊張も生み出していたが，そのエネルギーを筆者が受容していったことは，緊張から弛緩へと他のエネルギーレベルへ変調する契機にもなっ

たと思われる。

・不協和音による内的エネルギーの表出

身体や情緒などに働きかけて緊張や弛緩を引き起こす不協和音や協和音[9]はA氏の緊張感を発散へと変容させることをねらいとして意図的に用いられた。クラベスを手にした時のA氏は，不随意なふるえの影響から表現の硬さが見られ，その硬さが緊張も生んでいたと思われるが，不協和音を同質の原理として意図的に用いたことで，A氏の情動は揺さぶられ，より緊張が高まったことでエネルギーの表出へ向かったと思われる。その後，筆者がテンポを落とし協和音へと移行したことで，A氏の緊張感は弛緩へと変化していったと思われる。このプロセスから，他者のテンポやリズムを知覚すると，振戦の症状が表われていても，自らふるえを低減させられるかもしれないといった可能性が認識された。

・反復（フレーズ，リズムパターン）

フレーズに限らず，特定のリズムパターンや和声進行の反復には，一定の音楽的な枠組みが形成されることによる安定感が生まれ，それはクライエントにとって安心した環境での音楽の創造や再現を可能にすると思われる。また，反復には予測性が含まれていることから，他者との音楽にも柔軟に合わせて行くゆとりが生まれることが示唆される[7]。A氏がクラベスを連続して叩いている時に筆者がいくつかのリズムパターンを導入した事は，安定した相互関係においてA氏と筆者との間に新しい相互関係を発展させる機会となった。また，A氏が筆者のリズムパターンを取り入れたことは，新しい音楽体験を他者と共有していることにも繋がり，様々な質をもったコミュニケーションが成り立つ契機となった。

場面②　4月13日

3回目のセッション。A氏はタッチ式のカラーベル（レ・ラ）を両手に持つとふるえは治まり，親指を使って軽快に鳴らし始める。表情は硬く足にはふるえが見られるが，一音一音が立ち上がっていくような芯のある響きに，A氏のこころの躍動感や遊び心など，可視化されないエネルギーを感じとった筆者は咄嗟に「荒城の月」をゆったりと重々しく荘厳な雰囲気で弾く。A氏は拍

に合わせて両手のベルを同時に鳴らし，時々，交互に鳴らしている。そのすぐ後，筆者は荘厳さを払拭するかのような対照的な曲調で「荒城の月」を即興で変奏していった。原曲は四拍子であるが，三拍子や二拍子，変拍子などに変えていき，さらに，テンポの緩急，音量の変化，短調から長調への転調，あるいは全音音階（全音〈長2度〉のみで成り立つ音階）など，音楽の対極性を大胆に活用していった。A氏は拍子が変わる毎に変化を認識すると，戸惑うことなく筆者の刻むビートに合わせて鳴らしていた。音量よりも緩急に対する反応がよく見られ，テンポが早まるとより素早く親指を動かし，まるで，微細運動能力の限界に挑戦するかのような高い集中力と伸び伸びした自己表現が見られた。その後，ベースラインに3連符を取り入れると瞬時に反応し呼応してくる。終了直後，「面白いな」と筆者を見ながら笑顔で言う。筆者は，A氏の感情のこもった発言を初めて聞いて驚きつつも「私も面白かったです」と応える。

音楽の臨床的意図

・対照的な音楽の共存性

筆者がアンビバレンスambivalenceな雰囲気を内在させた音楽を創った意図は，A氏の外見を覆っている硬く無表情な様相とは対照的に，音楽を通して理解されてきたA氏の柔軟性や順応性，相互関係で見られるゆとりといった本来の性質を同時に描くことで，A氏の人間像を総体的に浮上させることだった。どちらの側面も存在するわけだが，外見に表われる振戦や表情の硬さなどの様相が，疾病による影響で引き起こされる時，音楽は疾病を通り越して，A氏の健康的な自我に手を伸ばしたと言えるだろう。また，伸び伸びとした自己表現には，勢いのあるエネルギーが感じられ，それらは表情や感情表出からも推察されるように，肯定的なエネルギーで満ちていた。

・感情の閾値

A氏が即興の終了後に筆者に向けて発言した「面白いな」という言葉には，"今，ここ"で感じた気持ちを，そのまま他者に伝えたいという即時のコミュニケーションがあった。この体験はA氏と筆者とのコミュニケーションの

回路が一気に開いたような印象を受けた。アンビバレンス ambivalence な性質が内在した音楽には，A氏の感情の閾値を越える要素があったと思われる。A氏にとっての「荒城の月」の思い出は，荘厳な雰囲気を醸し出しながら朗々と歌い上げて行く日本の歌というイメージがあったかもしれない。しかし，一見，ナンセンスにも受け取れる「荒城の月」の変奏は，意外性や予測不可能な状況が生み出され，それはA氏の感情を大きく揺さぶり，感情の閾値が広がったことが，発言にも繋がったと思われる。

場面③　5月17日

セッション5回目では，グロッケンシュピール（あらかじめDから始まるドリア旋法に設定）を提示すると，音盤上を順次に上下行しながら柔らかい音質で叩いている。筆者がA氏の音質に合わせてドリア旋法で即興を始めると，A氏は筆者の介入に気づき，拍を合わせてくる。また，符点の入ったリズムパターンを提示すると，クラベスやベルの即興でも見られたように，瞬時にそのリズムパターンを把握し合わせてくる。しばらく同じフレーズやリズムパターンを反復していると，筆者の弾く二拍に対してA氏は3分割したリズムを入れたり，テンポを僅かに早めたり遅くしたりと，筆者の音楽から分離して独立性のある表現が生まれてきた。伸びやかな自己表現の広がりを感じると共に，A氏から創出される音楽アイデアをA氏がより主体的に自分の体験として認識できるようにするため，シンプルな旋律を用いた音楽的な対話へと発展させていった。まず，A氏のグロッケンシュピールと筆者のキーボードで交互奏を促して対話を試みるが，意図がうまく伝わらず，筆者がキーボードを弾く時はA氏も一緒に演奏してきた。その為，グロッケンシュピールを共有する形でA氏と差し向かい，シンプルな旋律を交替で創出していく交互奏を促した。最初は筆者の創る旋律を模倣していたが，次第にA氏独自の旋律が生まれ，治療空間には，二人が自己を開示しながら共存しているような新たな力動が生まれた。以下に数分間続いたやり取りの一部を記述する。

レファミドレミレ（筆者）→レファミドレレミファ（A氏）→レファソラファミレ（筆者）→ファミドレミファソラ（A氏）→ソラソラファミ

レドレミファ（筆者）→ミレドレミファソラ（A氏）→ラドシソラファミドレ（筆者）→ソラシドレシソラソ（A氏）続

　A氏の旋律には大きな跳躍は見られず，二度の上下行が多い。これは筆者にも見られる事から相互に影響したと思われるが，差し向かう状態で，双方が自分のアイデアを相手に見せ合うような，新しいコミュニケーションの形へと発展していった。

音楽の臨床的意図
・音楽的枠組みにおける自由性
　相互間でやり取りをしながら旋律を即興的に創出するとき，自己のアイデアを構築していく思考力に加え，相手の旋律の流動的な方向性を読み取りながら，そこに自分のアイデアを重ねて行く統合力が求められる。また，旋律の交互奏では，一小節から二小節による音楽の尺が共有されたが，その枠組みがあることで表現の自由性が生まれ，より創造的な自己表現が保証された。A氏が即興的に創出した旋律は，自然な抑揚のある流暢さや音楽的なまとまりが表われており，それは心の状態を反映するといった統制感も感じられた。また，筆者の旋律を聴きながら独自の旋律を創作するところに両者の音楽アイデンティティは反映されたが，そこには異なる思考や価値観が一つの楽曲の中で共存していたようでもある。

・音楽における対話
　これまでのA氏の音楽表現には"相手に合わせる"，"模倣する"ことが中心となっていたが，今回の旋律による即興では，相手の模倣ではない固有の表現が生まれ，また，主体的な音楽創りを通してA氏と筆者の間にも音楽的対話が増えた。対話には情緒的な交流があったが，セラピーにおけるクライエントとセラピスト間の関係構築については，母子関係論に見られるスターンStern, D. の情動調律 affect attunement[10] の概念が参考になるだろう。
　Sternは，母と子の対象関係において情動の共有化を図る時，乳児の声やしぐさを母親が模倣することから始まると述べており，模倣する時に乳児の声や

しぐさに内在される強度，形などの輪郭，連続性などの可視化できない性質も含めて感じ取り，それらの性質を自分自身の体験として置き換えながら呼応していくことで，情動の共有化が起きると述べている。また，母子間で調律される情動については言語化されにくい諸感情も含まれており，それらは生気情動 vitality affect[10] として表されている。相手の内的体験を共有することで，感情的なつながりをもった体験が可能となることも示唆されている。音楽療法ではこの生気情動を力動的形式 dynamic form[7] として説明されている。この概念は，生まれつき備わっている感情の動きや変化であり，特に，クライエントとセラピストが自発的に即興演奏を行う時に表出しやすく，同時に，人間的な関わりの質を示すことも示唆されている。

第一期を振り返って

初期において筆者がA氏のテンポを受容し，合わせていった pacing ことは，音楽がA氏の情動を安全に揺さぶるコンテナの役割を担い，その中でA氏は抑圧された感情の発散やストレスからの自己解放に繋がる自己表現を見出したと思われる。また，A氏と筆者の間に生まれた即興によるやり取りには，可視化されない音楽要素，例えば，発現される音のエネルギーの方向性，フレーズの間合い，音楽の強度や質，サイレンス，余韻，などの要素があり，それらをA氏も筆者も自分のペースで感じられたことは，音楽の型に縛られない体験となった。

A氏との間で発展していった音楽的コミュニケーションは，一方で言語でのコミュニケーションとの共通性が見られた。つまり，人は言葉の意味理解のみで相手とやり取りをしているわけではなく，話し手の語調に含まれる抑揚やアクセント，身振り，間合い，声質などに同調することを通して自分がその相手とどのように関わっているかを伝達し共感を示していくと言われるが[7]，即興音楽でも同じ現象は見られる。しかし，音楽に特有の利点は，会話のやり取りのように相手の反応を待たず，クライエントの奏でる音に自分の音を合わせながら瞬時に同調していく事を可能とする点や，音楽には，メロディやリズム，ハーモニーなどに含まれる音調に複雑で抽象的な気持ちも反映され，コミュニケーションの質が深まりやすいといった要素もある。

第二期:コミュニケーションの発展,交互奏による創造的なやりとり,転移・逆転移

場面④　6月23日

セッション7回目,「音楽に行く時は顔が違いますね」と職員に声をかけられながら笑顔で入室される。前回のセッションから,入室時や即興演奏の終了時に筆者とアイコンタクトを取りながら笑顔を見せる頻度が増えている。行動と感情は並行関係にあると言われているが,この日のA氏は,同行する職員よりも率先して音楽療法室に入室し,はつらつとした表情で「こんにちは」と挨拶される。筆者はいきいきとしたA氏の姿に「とてもいい表情ですね」と同じ抑揚のある声で話しかけ,音楽療法はA氏にとって楽しい余暇としての時間だけに留まらず,自己表現される行為のすべてが肯定的にフィードバックされていく経験は,自己が認められる体験や自己解放へと向かい,自尊心の向上にも繋がっていると感じられた。また,職員から日常場面での様子を伺うと,音楽療法で見られるA氏の親密感を感じさせる笑顔や音楽への興味には,陽性の転移が生じていると見受けられた。また,筆者にとってもA氏の笑顔や音楽に没頭する時に開花される創造性が,日常では発揮されないことを確信する時,A氏のようにADL機能も高く,習慣的な行動に関しては意思疎通の図れる方が,言葉が出づらいことから対人交流の機会が減っていることに残念で悔しい気持ちを抱き,それは筆者自身も言葉での自己表現が難しいと感じた過去の体験と重なり,その感情は逆転移となっていった。この日A氏は,いつものようにクラベスやハンドドラムを即興しながら,筆者とのやり取りを楽しむかのように笑顔でアイコンタクトを取っており,筆者もA氏の感情や意思を,出来る限り音で代弁化する事に努めたが,それは同時に筆者自身の逆転移に影響された音だった。終わるとA氏は「どうも,どうも,ありがとうございました」と手を振りながら笑顔で挨拶して退室された。

心理療法的アプローチにおける転移・逆転移

A氏の自己表現を即興演奏で受容しながら,抑圧された感情の解放を促し,肯定的な対人関係を構築するためには心理療法的アプローチが治療の主軸となったが,心理療法的アプローチを臨床に用いる時,クライエントとセラピス

ト間においては転移・逆転移が生じやすく，治療過程から切り離せないことも周知されている。また，タリー Turry, A.[11] は，即興演奏においてクライエントに向けられたセラピストの音楽が，クライエントへの逆転移からくる可能性も指摘している。また，転移・逆転移による力動が治療関係に影響をもたらす要因について，セラピストは責任を持つ必要性を述べているが，逆転移を受容していくことや，うまく機能させていくことで，より真正な関係が築けることにも触れている。

場面⑤　8月17日
　セッションで使用する楽器をあらかじめ机の上に並べておき，A氏に楽器を選択してもらうと，毎回必ずクラベスを一番に選ぶ。本人の興味とも捉えられるが，他の楽器を見ずに素早く手に取る為，習慣化された行動，あるいは同じ行動を繰り返す事が特徴でもあるピック病の症状も要因になっているのではないかと思われた。しかし，セッション10回目のこの日，クラベスとハンドドラムを提示すると初めてハンドドラムを選び，この瞬間，A氏に何か新しい変化が起きつつある事を直感した。ハンドドラムを共有したリズム模倣では，毎時，筆者から先にリズムを提示する事が多かったが，より主体的な自己表現を引き出す為，A氏からリードする事を提案した。最初は戸惑いが見られたが，筆者が2，3回リズムを提示した後に役割交替をすると，A氏は理解したように様々なリズムパターンを創出していった。リズムパターンには，秩序性があるものと無秩序なものが混在しており，秩序性が維持される時は，集中力やアイコンタクトも増え，また，リズムには流動性が見られ，そして何よりも，自分が場をリードしているという役割意識の高さは，自信となって表情に表われているようだった。一方，無秩序なリズムパターンが現出された時は，困惑や不安の表れとして眉間に皺が寄った。そこで筆者は，時々，明確なリズムを提示して介入する以外は，A氏が場をリードしているという感覚が持てるように支持した。

音楽の臨床的意味
・音楽による主体的な相互関係

高齢者にとっての主体性については，自己判断や自己決定，自らの意思によって遂行される実行力などから見出されることが示唆されており，主体的な生活の構築は心身の健康に反映され，自分らしい自律した生き方がもたらされるなど，心身の平衡バランスの維持にも大きく影響を与えることが考えられている。しかし，主体性をもった高齢者が，自ら主体性を発揮できる機会が乏しいことも同時に指摘されており，援助者の介入の必要性が強調されている。A氏の主体性はセラピストとの相互作用によって発揮されていったが，その都度，主体性の表われ方は異なっていた。鳥田（2007）[12]は看護の視点から高齢者の主体性の在り方を6つのカテゴリーに分類し，高齢者が心身の脆弱化により援助者に依存せざるを得ない時も自分の意思で依存するという姿勢には主体性が含意されることを示唆する。特に，筆者のテンポやリズムに常時合わせる行為は，A氏自ら合わせる事を選んだという事実に強い意思表示が感じられ，リズムパターンの提示には，自分から主体的に関わることで，役割意識や遂行していく目的意識も生まれたと思われる。主体的な自己表現が引き出されやすい音楽には，クライエントの依存的と思われる行動にも，セラピストとの相互作用の中で，主体的な表現に変えて行く力動が根底にあると思われる。

　場面⑥　11月16日
　今までにA氏のリードによるリズム模倣のやり取りでは，様々なリズムパターンが創出された。リズムは四分，八分，十六分音符を中心として構成されていたが，符点や3連符なども取り入れながら，瞬時のやり取りの中で創出されていった。筆者に提示する時は段階的に難易度を上げて行き，複雑過ぎて模倣出来ない時は，その事をA氏に伝え，少し易しいリズムパターンを催促すると，難易度を少し下げるといった柔軟な対応が見られた。同じリズムパターンの反復も見られたが，反復はリズムの安定感や統制感の獲得へと繋がり，次第に，充実した表情が見られるようになった。他者との相互作用や肯定的な感情の共有は，楽しさや心地よさだけではない，より様々な感情を引き出す要因にもなっていった。
　セッション14回目のこの日，筆者に向けてリズムを提示する時，A氏のリズムパターンは明確な方向性によって秩序化されていた。A氏はこれまでも，

複雑なリズムパターンを筆者に提示し，筆者が出来ないことを伝えると，少し易しいリズムパターンに変えるなど，相手の要求に柔軟に対応していく態度が見られたが，この日は，いつも以上に双方が音楽に集中し没頭したことで，新たな感情体験がもたらされた。筆者は，徐々にリズムパターンが複雑になっていくことを楽しみながら模倣していた。A氏はテンポよくやり取りが進むことに満足そうな笑顔を見せ，表情には充実感がみなぎっていた。次第に興奮する様子が見られ，突然，今までにない複雑なリズムパターンを提示してきた。筆者が戸惑うと，次の瞬間，嬉しそうに口を開けて笑い出した。勝負で相手を負かしたという優越感にも受け取れるようなA氏の表情を見て筆者も思わず笑い出すが，その後，A氏からは易しいリズムパターンが提示され，再び，テンポ感のあるやり取りは継続された。

音楽の臨床的意味
・リズム模倣について
　この日のやり取りには，A氏と筆者の関係性を大きく変容させる力動が生じた。A氏にとって，他者をリードしていく体験には，様々なリズムパターンを創案する創造力，やり取りを成立させる構築力，やり取りを遂行させる集中力や維持，他者のレベルに合わせていく適応力などの様々な力の性質が凝縮されていたように思われる。日常生活では発揮される事のないこれらの能力が音楽によって開花され，A氏の意思によって思う存分に発現されたことに治療としての意味が求められるだろう。また，模倣の臨床的な意図[8]には，セラピストをリードし支配する経験がもたらされる事も包含されるが，日常で主体的に関わるよりも関わられることの多いA氏にとって，相手を先導していく過程で見られた優越感は，自己能力の顕示として，健康的な対人関係へと発展する契機になったと思われる。

第二期を振り返って
　筆者の逆転移は，A氏の陽性転移が影響していたが，筆者の感情がどこから来るものなのかを認識する必要があった。その方法として，筆者がインターン時にスーパーヴィジョンの授業で訓練を受けた経験をもとに，セッション記

録に書き綴られた主観を詳細に分析していくことで自己洞察を行なった。心理療法的アプローチを取る場合，クライエントとセラピスト間での転移・逆転移が起きやすい事は指摘されているが，大切なことは治療者としてのバウンダリー boundary を堅持しながら，転移・逆転移をクライエントに肯定的な変容をもたらす力動として治療に活かしていく事だと思われる。次に，A氏と筆者の相互関係に大きな変容をもたらした体験は，ハンドドラムを用いたリズム模倣のやり取りに集約されるだろう。言語での意思疎通が難しいA氏にとって，リズム機能を用いることは，初期の段階から有効なコミュニケーション手段でもあり，相手との意思疎通性の精度を高めることにも貢献したと思われる。また，リズムを創出し，それを他者に提示していく行為には「自己の内側に意識を向ける」，そして「自己の外側に意識を向ける」といった二つの力動が重なり合っていたように思われる。秩序立てられたリズムの創出は，A氏の心のゆとりにも影響していたように感じる。セッション全体を通して，筆者との相互関係性については即興演奏に拠るところが大きく，即興はA氏と筆者のコミュニケーションを深めながら，感情的な交流も促進させていった。筆者は，A氏の主体性を尊重しながらも，その主体性を引き出すために，場を意図的にリードすることは多かったが，様々な感情が交差される中で浮上したA氏の筆者に対する優越感は，A氏の自己能力の顕示にも繋がり，さらに筆者が戸惑った時のA氏の笑いは，ユーモアとして共有され，それは二人の関係性が対等であることを認識する要因になっていったと考えられる。

　ピック病の進行が確認される中，身体症状に目を向けた治療は必須だが，心理面から働きかけることは，A氏が最後まで自分らしく生きぬくための機会に繋がると思われる。しっかり関わる他者の存在があって能力は開花すると思われるが，A氏と筆者の初期の相互作用を通して次第に音楽的対話が生まれたこと，そして，対話から音楽に命が吹き込まれたこと，さらに，その音楽そのものが生きた存在として二人に影響を与えた過程そのものに，音楽をすること musicing の意味が見出せたように感じている。

おわりに

　冒頭の引用文は，元オーストラリア政府高官で 40 代後半の若さで若年性認知症を発症したクリスティーンさんの自叙伝「私は私になっていく——痴呆とダンスを」の中で語られている言葉だが，「記憶に残るのは，あなたが何を言ったかではなく，どんなふうに話したか」という言葉の背景には，認知症に巻き込まれながらも，内的世界を丁寧に紐解いて分かりやすく伝えていこうとする彼女の意思にも感じられ，強く印象に残った。この言葉を音楽療法のセッションに置き換えてみると，「何（what）を奏したか」には，既成曲や即興を問わず，音楽に内在するリズム，メロディ，ハーモニー，旋法，音楽様式などの理論やそれらを実践で使いこなす臨床的な技術と結びつく。一方で「どんなふうに（how）奏したか」の視点には，メロディやハーモニーのもつニュアンス nuance，フレーズがもつ音の方向性，音の強度や質感などの性質が内在されていると思われ，それらをクライエントのニーズに合わせて瞬時に使い分けていくことは，クライエントから発せられる一音一音に意味を与えることに繋がるのかもしれない。また，記憶に残る音楽というのは，クライエントから発現される音の一つ一つにセラピストが魂を入れることで音楽の純粋さを保ちながら，クライエントのこころの音に耳を傾けていくことなのかもしれない。

解　説

ピック病：DSM-IV-TR によると，前頭葉および側頭葉をおかす脳の変成疾患である。ピック病初期の経過には，パーソナリティの変化や社会的技能の変化，感情鈍麻，行動の脱抑制などが特徴づけられ，後期になると，記憶の困難，失行，痴呆の他の特徴が見られる。

Musicing：音楽家で教育家でもある David Elliot によって定義された概念である。"音楽すること musicing" は意図的な人間行為による特定の形を表しており，ただ演奏するのではなく，意図された目的を達成するために計画的に動く行為であると示唆される。音楽中心主義ではクライエントに "musicing" の状態を促すことが主要なアプローチの焦点でもある。

引用文献

1) Nordoff,P.&Robbins,C.（2007）Creative Music Therapy: A guide to fostering clinical musicianship（2nd Ed）. Barcelona Publishers. NH.
2) Bruscia, K. ed., 林 監訳・生野・岡崎・八重田 訳（1999）即興音楽療法の諸理論　上巻 . 人間と歴史社
3) Aigen,K.（2005）Music-Centered Music Therapy. Barcelona Publishers. NH.
4) Robbins,C.（2006）音楽サラダ　パッチワーク通信社
5) 竹中星郎 .（2010）　老いの心と臨床　みすず書房
6) Clair, A., 廣川恵理 訳（2001）高齢者のための療法的音楽活用　一麦出版社
7) Pavlicevic,M., 佐治・高橋 訳（2002）音楽療法の意味　心のかけ橋としての音楽　本の森
8) Bruscia, K. ed.（1987）Improvisational Models of Music Therapy. Charles C. Thomas Publishers, IL.
9) Robbins,C & C. 若尾・進士 訳（2003）　ポール・ノードフ音楽療法講義－音楽から学ぶこと . 音楽之友社
10) Stern, D. 小此木・丸田 監訳（2000）乳児の対人世界—理論編－ .　岩崎学術出版社
11) Bruscia,K. ed.（1998）The Dynamics of Music Psychotherapy.Barcelona Publishers, NH.
12) 鳥田美紀代 , 正木治恵（2007）看護者がとらえにくいと感じる高齢者の主体性に関する研究　老年看護学　第 11 巻 ,2 号 ; 112—119

第6章
重度認知症高齢者への集団音楽療法
鈴紐の活動への参加を通して得られた成果と意義

蔭山　真美子

はじめに

　高齢者を対象にした音楽療法は，超高齢社会となった国内にあってその需要も高まりつつあることを，筆者は実践を通して感じている。高齢者への音楽療法は，日常生活上特に支援を必要としない健常な高齢者から要支援・要介護の高齢者，終末期にある高齢者まで，その対象も幅広い。したがってその内容についても，介護予防を目的とするものや個々に抱える心理的・身体的問題に対する維持・改善を目指すもの，看取りを主眼においた心身の苦痛緩和を目的におこなうものなど，対象者の状態やニーズによって大きな違いがある。

　音楽療法の実践（以下セッション）形態についても，個人を対象にしたものから，小集団あるいは多人数の集団を対象にしたものまでさまざまなものがあるが，目標を達成させ，成果へとつなげるためには，個別もしくはできるだけ対象を絞った上での実施が望ましいことはいうまでもない。しかし，国内の高齢者施設の多くにおいて，個別にあるいは対象者を絞って音楽療法を実施することは日常の過密なケアスケジュールの中では物理的に難しく，ほとんどが多人数の集団で行われている[注1]のが現状である。本稿では，平成20年度に東京藝術大学が足立区からの委託研究として実施した一連の研究事業の中か

ら，筆者も非常勤学術研究員として参加した研究プロジェクト「区内高齢者施設を対象とした音楽療法活動」[注2)]を事例としてとりあげる。この事例において，日常生活では傾眠がちで反応がほとんどないとされていた重度の認知症を呈する高齢者（以下A氏）からも，微細ではあるが反応が引き出され，コミュニケーションの糸口を見出すことができた。とりわけ鈴紐を用いた活動において集団のもつメリットが多く活かされ，A氏の反応を引き出すことに有効にはたらいたことが示された。本稿では，セッションプログラムの中で実施した"鈴紐を用いた活動"に焦点をあてながら，集団音楽療法活動の中で見られたA氏の音楽に対する反応および変化について分析し，氏が活動に参加することで得られた成果および意義を考察する。

対象と方法

実施期間：2009年1月〜2月（計6回），1回／週，14時10分〜14時50分，施設内のフリースペースを利用して実施した。

対象者：A氏，80歳女性。要介護度5。妹と二人暮らしをしていたが，自宅の階段より転落，前頭葉を強打し脳挫傷と診断される。在宅での生活が困難となりA施設に入所する。日常生活は，食事・排泄・移動すべてに介助を要する。食事の時はリクライニングの車椅子にて行うがそれ以外は臥床しており，他の入所者とのかかわりはほとんどない。

A氏の目標設定：初回のミーティングにおいて施設側から提供されたA氏に関する情報および要望や，初回のセッションで観察された内容に基づき，目標を次のように設定した。すなわち"集団のもつ力，音楽のもつ力を用いて反応を引き出し，日常のケアに活かされること，音楽を通してA氏自身の感情へはたらきかけ，精神的な充実度の向上をはかること"とした。

セッション参加者の構成：特別養護老人ホームAの施設入居者のうち，職員が判断し，かつ家族の同意が得られたさまざまな介護度の25名。そのうち，認知症を呈する要介護度4〜5の参加者は9名である。A氏は，9名の中でもとりわけ重度の認知症を呈する。

セッションの配置：セッションを実施したスペースは，部屋の形状から席

の配置についてかなり条件が制限されたため，一列に 5 〜 7 名，4 列に配置し，列の間隔は比較的ゆったりととった。今回のセッションでは，特に支援を必要としない介護度の低いクライエントには 3 列目以降での参加を依頼し，認知症の症状が重く要介護度の高い対象者や日頃の言動に問題が多いとされているクライエントに最前列あるいは 2 列目で参加してもらった。A 氏は最前列の右端で参加することが多かった。

スタッフの構成：セラピスト（筆者），コセラピスト 2 名，アシスタント 2 名，施設職員若干名。

研究の方法：セッションのプログラムにある鈴紐を用いた活動に焦点をあて，集団の中での A 氏の音楽に対する反応および変化について，観察内容および活動に関する記述やビデオによる記録をもとに分析をする。

その他：セラピストらと施設職員らによるミーティングでは，セッションの前後におこなったが，とりわけ事前ミーティングでは，職員からクライエント個々に関する当日の心身の状態を聞き，把握しておくことを重視した。セラピストからは職員へ対し，当日のプログラムの流れに沿って各活動の目的と意図を伝えるだけでなく，セッションで使用する予定の楽器や鈴紐を実際に手に取りながら音色や重さ，手触りなどを確認してもらった。

セッションのプログラムは，導入から中心の活動へ向けて，音楽を媒介にコミュニケーションをとりながら徐々に心身を活性化させていき，その後終了へ向けて心身ともに沈静化させていく構成で次のように組み立てた。

- 導入：学術研究員による演奏の鑑賞を通して気持ちをリラックスさせつつ，場面を理解する。活動の始まりを意識し，人や声・音を受け入れる。
- 季節の歌などのなじみのある歌：童謡や唱歌などのシンプルでなじみのある歌を通して，発声を促し，心肺機能や脳の活性化と同時に回想にもはたらきかける。季節感，満足感，安心感を得る。
- 手指，手首，腕の体操：鈴紐を扱うための動作の準備運動として，リズムに乗せて簡単な手指や腕の動きを促す。手指や腕の柔軟性を高め血液の循環をよくする。心身の活性化をはかる。

・鈴紐を用いた活動：握ること，振る動き，音を出すことに慣れる。リズムにのせて鈴紐を動かすことで，より積極的な心身の活性化を促す。ゲーム性を取り入れ緊張感，集中力を高める。皆で共有して持つことで，隣の人を意識する。次の楽器活動へとつなげるためのモチベーションを高め，心理的にも身体的にも準備が出来た状態を作る。
・楽器活動：失敗するおそれのない安心感の中で，それぞれの参加の仕方で満足感，達成感を得ながら音楽を通して意欲の向上，身体機能の活性化をめざす。
・歌唱活動：3曲の中から歌いたい曲をひとつ自己選択する。自分の意志を伝える。それぞれの思い出を呼び起こしながら，歌詞にひたる。コミュニケーションの活性化とともにさらなる発声を促す。
・おわりの歌：静かな歌を歌いながら，高まった感情を鎮める。毎回決まった曲を使うことでセッションが終了することを認識する。セラピストは一人ずつに挨拶して回り，より密なコミュニケーションをはかる。

　本稿でおもに焦点をあてるのは，プログラムの4番目にある"鈴紐を用いた活動"である。筆者のこれまでの経験によれば，鈴紐の活動を取り入れなかったセッションにおいて，"季節の歌あるいはなじみのある歌"を通して発声が引き出され，"手指・腕の体操"により心身ともに活性化した状態にあると思われるにもかかわらず，"楽器活動"の場面になると，抵抗や拒否を示すクライエントが見受けられることがしばしばあった。その理由として，とりわけ認知症を呈する高齢者は，対象物を楽器として認識し意欲をもって能動的にかかわるまでのプロセスに時間がかかること，楽器の認識ができても手指の機能を充分に活かしきれないことへの不安感や，楽器を奏することに対する自信のなさから拒否感が先にたってしまいがちなことなどが考えられた。筆者の自省を含めれば，クライエントへのコミュニケーション力不足も影響していたかもしれない。認知症が重度化するほどに「認知的な記憶や識別，統一性などを必要とするような技能は徐々に失われていく。（中略）弾くのをあきらめ，挫折し，憤慨してしまう」（A. Ann Clair, 2001）[注3]と述べられていることからも，楽器を用いる活動はともすればあきらめや挫折感などを伴った失敗

体験につながってしまう可能性を含む。そこで本事例では，視覚的になじみがあり，音質も比較的刺激の少ない"鈴"を用いて，楽器の"音"そのものを受け入れることや，鈴紐の"紐"の部分を"掴む"動作に慣れることで，心理的にも機能的にもより抵抗なく次の楽器活動へつなげていけるのではないかと考え，鈴紐を用いた活動を楽器活動の前に取り入れた。

図 1

　ここで，活動で使用した"鈴紐"について，確認の意味も含め簡単に触れておく。今回用いた鈴紐は，直径約 1 センチメートル，全長約 360 センチメートルのカラーロープ（緑，黄色，ピンク，白）に 30 センチメートルの間隔で鈴が付いている形状のもので，鈴はタコ糸によりボンドでカラーロープに固定されている。両端にはプラスチック製のジョイントが付いている。(**図 1**)

　鈴紐のもつメリットとして，次のことがあげられる。①手作りが可能なので，紐の長さ，太さ，素材（紐，ゴム，タオルなど），鈴の大きさや種類を選ぶことができ（鈴はかたちや大きさ，音質や音色などさまざまな種類のものが市販されている），クライエントのニーズに合った適切なものを作ることができる。②今回使用した鈴紐は，鈴がロープに固定されているが，鈴を取り外し可能に（ただし安全上簡単にははずれないように）して，紐の部分を洗えるようにすることも可能である。③クライエントの人数や配置に合わせて紐同士をジョイントでつなげ長くしたり，円の状態にして使用することができる。④場合によっては，クライエントが制作の段階から参加することもできる。⑤かかる費用は材料費のみのため，既成の楽器に比べて安価でできる。⑥なによりも手作りの鈴紐には，使う人々を思いながら作るなど人の心がこめられている。こうしたメリットに加え，集団のセッションでは，両隣りのクライエントと共有することで，A 氏のように反応が薄いと言われているクライエントに対しても自然に動きが引き出されたり，動きや音を感じてもらうことが期待できる。また，

活動をきっかけに他人へも意識が向き、外界の人や音を受け入れつつコミュニケーションが活性化していくことも期待できる。

いっぽうでデメリットとして、①完成するまである程度の手間と時間を必要とする。②認知症を呈する高齢者にとっては、楽器であるという認識を持ちにくい。実際、過去に単なるロープと勘違いしてくぐりぬけてしまったクライエントがいた。③クライエントによっては（A氏のように）、紐の部分を掴む、握るといった手の機能が充分に活かせない場合もある、などがあげられよう。当然のことながら、鈴や紐を扱ううえでの充分な危機管理も必要である。しかし、これらのデメリットは、後述する提示の仕方や配慮の上にたった支援をすることで充分にカバーできることである。

活動に入る際には、クライエントが実際に鈴紐を手にするまでの、すなわち配布する前の段階も大切にし、視覚的な受容を目的に、全員へ向け充分な時間をかけて鈴紐を提示した。後方のクライエントにも見えやすいように、高さや向きに配慮しながらゆっくりと提示すると、多くの視線が鈴紐に集中し音を聴く態勢が次第に整えられていく様子がうかがわれた。この時、A氏は閉眼したままだったが、セラピストはA氏のそのような状態を受け入れつつも、集団全体が徐々に活性化していき、A氏へ何らかの影響を与えることを期待しながら活動を進めていった。セラピストが鈴の音を鳴らすと、集団の中から「ああ」「いい音だねえ」「可愛い音だねえ」などという声があがったが、A氏は変わらず閉眼したままであった。

鈴紐を配布する際には、セラピストやコセラピスト、職員が「使えるほうの手だけでもよいのですよ」、「こちらの手も使ってみましょうか」などと適宜言葉かけをしながら、渡す手の向きや位置にも配慮し手渡していった。それ

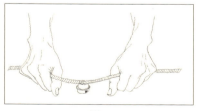

図2

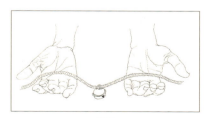

図3

ぞれが持ちやすい方法（**図2, 3**）でよいことや自由な鳴らし方で参加してよいことを繰り返し伝え，それぞれが不安感を抱くことなく参加できるよう心がけた。A氏に対しては，紐を"持つ""握る"ということが機能的に難しいと思われたため，セラピストが氏の手の甲に鈴紐を乗せ，反応を見た。特に拒否するような様子は見られな

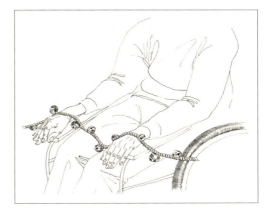

図4

かったので，振動や動きが伝わりやすいような位置に鈴紐をそっと置いた（**図4**）。

鈴紐を用いた活動の具体的内容および結果

　6回にわたる活動の具体的内容と，対するA氏の集団の中での反応および変化について，時系列に沿いながら以下に示す。活動で使用する曲については年代や地域性を考慮し，加えて施設から得た個々の音楽歴や好みの音楽についての情報に基づき，多くのクライエントにとってなじみが深いと思われるものの中から選曲をした。
　セッション（以下S）-1（回目）：初回の活動はアセスメントも兼ねていたため，歌詞がシンプルで拍節感がはっきりしておりリズムが取りやすいもの，一曲の長さが短いもの，季節感のあるものとして「雪」[注4]を選んだ。セラピストらや職員がクライエントに鈴紐を手渡していきながら自由に音を出してよいことを伝え，まずは"紐を持つ"ことや"音を出す"ことになじんでもらった。それぞれが手の機能に合った無理のない方法で鈴紐に触れたり持つことができたので，鈴の音が充分に出てきた頃合いを見計らってキーボードによる伴奏をC-durで提供した。初回であることや，用いた曲が比較的テンポが

速く躍動感のあるリズムをもつ曲であることから，1拍ごとではなく2拍ごとに"腕を上下する動き"を提示し，促しながら全体の反応を見ていった。音楽と連動して腕を動かしながら歌詞を口ずさんでいるクライエントも多く，それぞれが持っている機能を活かしながら参加している様子が観察された。

A氏に対しては，コセラピストが言葉かけをしながらテンポに合わせて鈴紐の動きをコントロールし，刺激を手に与えていったが，うつむいたまま目を閉じた状態が続き，確認できるような反応は見られなかった。

集団全体においては，活動に対する積極的な参加態度が個々に見られたので，次回の活動からは比較的長めの曲を用いて，全体の反応をみながら少しずつ複雑な動きを取り入れていくなど難易度を上げていくようにした。A氏には，今回と同様にコセラピストや職員が個別にかかわりながら，音楽を用いて触覚，視覚，聴覚へ刺激を与えていくことにした。

S－2：前回，ほとんどのクライエントが，それぞれに合った無理のない方法で活動に参加することができていたので，2回目の活動ではより積極的に"腕を前後させる動き"を取り入れ，「黒田節」[注5]の曲を a-moll で用いた。キーボードによる伴奏は，腕を前方に伸ばしやすいように1拍目をゆったりととり，全体の動きをみながら臨機応変に間（ま）を入れた。その結果，徐々に腕を前方に伸ばすことができるようになっただけでなく，腕の動きとともに「黒田節」の歌詞をはっきりと声に出して歌っているクライエントが多く見られた。前回の活動時よりもさらに大きな腕の動きが見られ，集団全体の声量も増していることが記録映像からも確認できた。

集団が活性化していく中で，A氏に対してはコセラピストが個別に支援をし，鈴紐の振動が手に伝わりやすいように曲のテンポに合わせ肩を軽く叩いてリズムを伝えた。刺激の与え方も徐々に積極的にしていくなどの配慮により，A氏の指先に微細な動きが認められた。続いて，首が上がり眼球が動く，足先が動くなどの反応も観察され，覚醒している様子が確認された。

S－3：これまでの活動を通し，クライエントの多くが鈴紐を共有しながら音楽とともに腕を動かすことになじんできたと思われたので，「箱根八里」[注6]の曲を B-dur で用い，ゲーム的な要素も取り入れた。具体的には，腕の上下の動きを促しながら比較的ゆったりとしたテンポで入り，集団全体の動

きを見ながらタイミングを見計らって徐々に"テンポを速めたり遅く"していった。テンポの変化がより伝わりやすいよう，キーボードによる伴奏やセラピストによる歌のほかに，コセラピストがうちわ太鼓[注7]を叩きながら補助的にリズムとテンポを集団全体へ向けて示した。この曲もまた，多くのクライエントにとってなじみがある様子で，曲が始まると同時に充分な声量が引き出されてきたが，テンポを加速させていくにしたがって，歌うことよりも腕を上下に動かすことに集中していく様子が観察された。集団全体がテンポの変化に合わせようとしながら腕を上下させている様子から，集中しているだけでなくある程度の緊張感も伴っているであろうことも推測できた。

　この時のA氏は，うつむいた状態で目を閉じたままだった。しかし，この回ではセッション前に次のようなA氏の様子が観察されている。「コセラピストがA氏へ向かって歌唱活動で用いる予定の「冬景色」をゆっくりと歌いかけると視線を動かし，テンポに合わせて呼吸をしていた」。にもかかわらず，鈴紐の活動で見られたA氏の様子から，断定はできないものの，氏にも集団全体の緊張感が伝わり，自身も緊張あるいは音楽に集中した状態に置かれていたのかもしれないことが推測できた。曲の終了とともに，集団の中から笑いながら「はやかったあ」という大きな声が聞こえてきた。緊張感からの解放ともいえるこうした笑いをともなった発語と，セラピストの「おつかれさまでした」とのメッセージとともに活動は終了した。A氏は次に続けて実施した楽器活動では開眼し，首を上げ，覚醒している様子を示したことから，氏もまた活動後の緊張感から解放された集団の雰囲気を感じ取り，リラックスした精神状態にあったのではないかと思われた。

　S-4：腕のコントロールとともに，集団全体が速い動きにもなじんできたことを踏まえ，「鉄道唱歌」[注8]の曲をC-durで使用した。この回では，音楽に乗せて活動自体を鉄道の旅に見立て，"情景をイメージする"ことも目的に含んでいる。そこで，音楽とともにこれから新橋駅を出発すること，今日はあまり遠くまで行かずに一駅だけにしておくことを伝えながら汽車を出発させた。キーボードの伴奏が示す一定のテンポに乗って集団全体に安定した腕の動きが観察されたので，音楽の流れを止めずに一番の歌詞を用いて繰り返すと，さらに大きな動きと鈴の音が集団の中から引き出されてきた。

そのような中にあって，A氏も手指を動かそうとしている様子が観察され，反応は微細なものではあったものの，音楽と関連しつつ活動に対する意欲や前向きな気持ちが引き出されていったことがうかがわれた。曲の終了とともにセラピストが「無事（駅に）着きました！」と言うと，集団の中から「ありがとうございましたぁ」という声があがった。

S－5：「ずいずいずっころばし」[注9]の曲をg-mollで用いながら，より軽快なリズム感を意識した伴奏の提供に努めた。この回ではリズムを強調しながら音楽の途中で意図的に音楽を止め，それに合わせて"腕の動きを止める"活動を取り入れた。曲の構造に従ってフレーズごとに音楽を止めていったが，初めは音楽が止まったことに気付かなかったのか鈴紐を動かしたままのクライエントもいた。しかし，セラピストがそのことも肯定的に受け止めることで皆の笑いを誘い，場がなごむという一場面もあった。音楽の流れが突然止まるという緊張感や再び音楽が始まることへの期待感を高めるために，セラピストが意図的に沈黙の時間を長めにとる場面も作った。音楽が止まり，沈黙の間（ま）が長くなるほど集団から起こる笑い声も大きくなってきた。曲が進むにつれてルールを理解したクライエントも多く，セラピストの方をよく見ながら止めるタイミングに合わせようとしている様子が観察された。このような様子はセラピストのかかわりに対する積極的な反応と捉えられ，同時に精神が活性している状態であることがうかがわれた。

A氏は，キーボードによる前奏が始まると同時に上体を起こし，両足をゆっくりと持ち上げ，あたかも自ら座り直そうとしているような大きな動きを示した。コセラピストが言葉をかけながら，氏の手の甲に紐が触れるように支援をしていたが，曲が止まり鈴紐の動きも止まると，首がゆっくりと動き開眼した。曲の最後には全員で鈴の音を止め，沈黙の場面を作ることができたが，A氏は曲が終わると同時に再び全身を大きく動かした。このような音楽の流れに沿った反応から，A氏はおそらく音楽を聴いていたであろうことが推測できた。

また，この回では活動に参加していた職員のほうが動きを止める場面でタイミングを逃してクライエントに笑われ，職員がクライエントの音楽的能力や集中力に敬意を表すといった場面も見られた。活動が終わると「おもしろかっ

た」,「楽しかったね」といった言葉が集団の中から聞こえてきた。

　S-6：これまでにおこなってきた，鈴紐の"動きを途中で止める"，"テンポを変化させる"といった複雑な要素をすべて取り混ぜて活動を実施した。そのため，音楽に関してはある程度なじんでいるもののほうがクライエントにとってより活動に参加しやすいと考え，S-4で用いた「鉄道唱歌」を再度用いた。この回では，クライエント同士が互いに隣りを意識しながら参加している様子が観察され，介護度が高いにもかかわらず鈴紐が手からはずれると自ら進んで持ち直しているクライエントもいて，集団全体が活動に対して意欲的に取り組んでいる様子がうかがわれた。A氏はセッション開始時より開眼し，首は上がった状態で覚醒している様子が見られ，鈴紐の活動時にも同様の状態が保たれていた。セラピストは，「鉄道唱歌」の曲の終わりの部分で集団全体へ向け，できるだけ肘を伸ばして鈴紐を高く上げ鈴をトレモロのように細かい動きで鳴らすよう，モデリングを示した。クライエントが共有する鈴紐が高低さまざまに持ち上がり，笑顔が多く見られ，笑い声も起こった。A氏はこの時にも開眼し，はっきりと覚醒している様子が見られた。曲が終わり，セラピストが「すごかったですね，（汽車が）途中停車するところでも待っていただけました」と言うと，集団のあちらこちらから「ありがとう」という言葉が聞かれた。

　付記：毎回，鈴紐の活動に続けて実施したプログラムの中心的活動のひとつである楽器活動ではトーンチャイム[注10]を使用したが，この楽器はA施設の高齢者にとってなじみが薄いうえに演奏時に手首のコントロールを必要とするため，介護度の高い9名のクライエントには操作が難しいと思われた。そこで，鈴紐の活動で鈴そのものや鈴の音にある程度なじんでいることもふまえ，わずかな動きでも音が出やすい手作りの"腕に付ける鈴"，"指に付ける鈴"，"腿に付ける鈴"をそれぞれに提供した。ただし，鈴を利用したこれらの楽器は身体の一部に直接付けて用いるため，提供する際にはクライエントの了解を得てから付けるように心がけた。A氏に対しては，"棒のついた鈴"をコセラピストが聴こえやすく見えやすい高さおよび適切な距離で提示しながらリズムに合わせて鳴らし，聴覚，視覚にはたらきかけた（**図5**）。

　S-5では楽器を目で追うようになり，S-6では，「東京音頭」の曲を通して，

図 5

A氏はこれまでにない大きな動きで上体を上げ,「目をキョロキョロさせて,個別にかかわったコセラピストともアイコンタクトをとり,その状態を保持した」ので職員が驚く場面も見られた。

そのほか,両足があがるようリハビリに積極的に取り組んでいるというクライエントには,足鈴を腿に付けてもらったところ,「リズムに合わせてしっかりと足踏みをしている」様子が観察された。また,身体の可動域に制限のあるクライエントについては腕鈴,指鈴を提供した結果,「活動に無理なく参加でき,笑顔が見られ」,そのほかのクライエントに関しても「常に不安表情が見られるとの事前情報を得ていたが,セッション中は表情がやわらかく楽しんでいる様子だった」「腕鈴を付けたクライエントは,音楽とともに自発的に腕を動かしていた」などの反応および成果がみられ,A氏以外の介護度の高い認知症を呈するクライエントも充分に活動に参加することができていることが確認できた。

施設の職員からは,A氏が活動に参加することで得られた成果が,日常生活にも反映されていることが報告された。具体的には,「音楽療法活動に参加した翌日から,手を叩いたり言葉かけをすると音や声のする方を見上げるという反応が見られるようになった」,「片麻痺があり首から上の拘縮が強いので,日常のケアでは首の運動をしているが,そうした場面でも刺激を与えると反応をするようになった」など,日常生活において抱えている問題の改善までは到達されなかったまでも,少なくとも改善の糸口を見出すことができたのではないかと思われる報告を得ることができた。

以上の結果をもとに，重度の認知症を呈する A 氏が集団音楽療法に参加し得られた成果および意義について，次に示す 4 つの観点から考察をする。

考　察

1. 音楽の要素〜集団によってもたらされた音楽的空間に包まれるということ〜

鈴紐の活動で用いた曲のうち，「雪」や「箱根八里」など，調性が定められている既成曲については必要に応じて移調をし，音域を多少下げて用いた。移調することで原曲のイメージからは多少離れてしまうものの，高齢者にとっての適切な音域（例えば G3 〜 G4 を中心とした範囲を目安にするなど）で音楽を提供したことは，歌いやすさと同時に自然な発声を促すことにもつながったといえる。また，活動で用いた曲は，身体の動きを引き出しやすい拍節を持っていることが共通していた。それぞれの曲がもつ拍節感が身体の動きを誘発すると同時に，旋律に沿ったことば（日本語）の節が自然な発声を促し，個々の身体の動きと発声が互いに影響し発展し合いながら集団が活性化していったと考えられる。集団の活性化については，蓑口（蓑口雅博，1999）がグループ運動表現療法[注11]の立場から「（ボディワークを媒介にしたプログラムは）『行為による共同性』と『コミュニケーションの活性化』を自然に生み出し，言葉による働きかけとは違ったレベルで参加者の感情にポジティブな効果を及ぼしあっている」[注12]と述べていることにも通じる。すなわち，鈴紐を共有して用いるという活動形態の中で，リズムや拍節感，テンポといった音楽の要素および自然な発声と身体機能が連動し，クライエント個々の「感情にポジティブな効果を及ぼしあって」（前出），集団が活性化しながら音楽的空間が構築されていったと考えられる。加えて，音楽のもつ枠組みと構造に守られたなじみのある旋律はクライエントにとって見通しが立てやすく，個々に安定した心理状態をもたらし，活動に集中することへもつながっていったと考えられる。

そのような音楽的空間が創られていく中で，A 氏についても「（コセラピストが）鈴紐の振動が手に伝わりやすいように肩を軽く叩いてリズムを伝えたところ，首が上がり，はっきりと覚醒し」（S-2 以降），「（曲の）テンポに合わせ

て呼吸していた」(S-3)とあるように，音による聴覚への刺激とリズムによる触覚への刺激が，互いに連関しつつ心身が活性化していったことを氏の反応から読み取ることができる。

　集団活動は，ひとりひとりが"意欲をもって参加"あるいは"参加することで意欲が引き出され"てこそ，意味を持つ。音楽の枠組みと集団のダイナミクスによって構築され，活性化した音楽的空間に包まれている感覚は，回を重ねるにしたがい，A氏の感情によりポジティブにはたらきかけ，心地よいものとして積み重ねられていったと考えられる。活動を通して観察されたさまざまな反応は，まさしくA氏の意欲の現れだったといえるのではないだろうか。こうした反応は，当然ながらコセラピストによる音楽的な，かつ尊厳を重視した支援に拠り引き出されたところが大きい。「認知症がどれだけ進行しても『心は生きている』という認識」（蔭山真美子，2006）[注13]のもとに，たとえ多人数の集団の中であっても，音楽的でかつ尊厳をもった個別のかかわりを重視したことは，A氏の反応を引き出し，ひいてはA氏自身の意欲を引き出すことへとつながっていったのではないかと考える。

2. 環境への配慮～音楽的空間にあって安心感に包まれるということ～

　本事例の6回にわたるセッションにおける配慮された環境は，A氏の参加状態に大きな影響を及ぼした。多人数で実施する音楽療法セッションでは，集団が大きくなるほどセラピストはクライエント一人ひとりに目がいき届きにくくなり，個々に残存する能力を活かすことが難しくなってくる。こうした問題の軽減へ向けて，充分な配慮がなされた環境を設定することは，とりわけA氏のような全介助を要するクライエントにとっては，セッションの目標達成へ向けての重要な要素のひとつであると考える。本セッションの具体的な配置については先述したとおりだが，介助を要したり問題を抱えているクライエントについては，中途退席しやすいよう後方にするなどが一般的であるかもしれない。しかし，本セッションでは，こうしたクライエントには最前列あるいは2列目で参加してもらったことで，セラピストが頻繁にアイコンタクトをとったり言葉かけをしやすくなり，クライエントが活動を理解し，集中して参加することができた。また，椅子（車椅子）の列の間隔を人が通れる程度に比較的ゆ

ったりととったことで，楽器の配布や個別の支援がしやすくなり，途中離席や退席するクライエントが皆無であったことからも，それぞれが心理的に安定した状態でセッションに集中し参加することができたと考えられる。

　A氏は前列の右端で参加することが多かったが，この位置はセラピストとコセラピストの連携がとりやすく，職員も必要に応じて適宜A氏にかかわることができた。このような適切な支援を提供することで，氏自身も安心感を得つつ活動に参加することができたのではないかと思われる。当然のことながら，3列目以降での参加を依頼した特に支援を必要としない後列のクライエントに対しても，セラピストは常にアイコンタクトをとり，言葉をかけるなどの配慮を心がけたが，後方から聞こえる介護度の低い方々のしっかりとした声や音はA氏の聴覚へはたらきかけ，音楽的にも心理的にも支えにもなったのではないかと思われる。

　また，セラピストらと施設職員らによるセッションの事前ミーティング時には，職員にセッションで使用する予定の鈴紐や楽器の音色や重さ，手触りなどを実際に手に取り確認してもらった。音楽療法で使用する楽器は，時に職員にとって初めて見るものであることも多い。そうした楽器を手にとって音を体験することにより，興味関心が引き出され，活動の中で職員に積極的に協力をしてもらうためのモチベーションを上げることにもつながったといえる。

　音楽療法をおこなう際に施設側の協力は不可欠であり，セラピストやコセラピストと職員とが互いに連携をとりながらセッションを進めていくことは，より質の高い内容の活動を提供することを可能にし，最終的にはクライエントの目標を達成させることにつながると考えている。さまざまな介護度のクライエントが集まっている比較的大きな集団の中でA氏が安心感をもって充分に参加の意義を果たすためには，こうした環境の整備やスタッフ間の情報の共有は不可欠であったと考える。

3．遊びとユーモアの要素〜笑いに包まれるということ〜

　今回実施した鈴紐の活動は，楽器活動へ向けたウォーミングアップの一環としてプログラムの中に位置づけられたものでありながらも，実際の活動では単なるウォーミングアップの枠に留まらず，発展的に変化していった。そこに

は，音楽の要素とともに "遊びの要素" が多分に含まれていた。"遊び" とは，「ありきたりの生活から場所と継続時間（はじまりとおわり）によって区別される。規則をもち，繰り返され，秩序によって支配される。」（ホイジンガ Huizinga, J., 1989）[注14] との定義の一部を引用したい。遊びが「ありきたりの生活から」「区別され」ていることは，セッションの音楽的空間が創りだす "非日常性" に通じ，限られた「継続時間（はじまりとおわり）」とは，セッションのプログラムにおける始まり（導入）と終わり（クールダウン）といった捉え方のほかに，音楽のもつ秩序だった構造性すなわち "音楽には始まりがあり終わりがある" ことにも通じる。さらには，「緊張の要素こそ遊びの中で特に重要な役割を果たす」[注15] とあるように，鈴紐を用いた活動の中に音楽的な意外性やゲーム性を取り込んだことで，クライエントが適度な緊張感をもって活動に集中し，集団全体がより活性化していくことへつながったと考えられる。ここで，遊びの要素に "笑い" を加えて考えてみたい。活動（S-5）中に偶発的に発生した現象（音楽が止まっているにもかかわらずクライエントが鈴紐を動かしてしまった場面）があった。それをセラピストが肯定的に受け止めることで集団の中から起きた笑いは，クライエント個々に，あるいは集団全体におそらく抱えていた心理的な緊張感を解放していったと思われる。これは，「笑いと遊び性には高い相関関係が認められている」（中村俊規ほか，2007）[注16] ように，集団の中から自然に起きた笑いが集団全体を解放感とともに，よりなごやかにより活性化させ，活動がもつ遊び性を確実なものにしたのではないかと考える。音楽のゲーム的な展開と笑いの中で，A氏は「前奏が始まると同時に上体を起こし，両足をゆっくりと持ち上げ，あたかも自ら座り直そうとしているような大きな動きを示した」。また「曲が止まると首がゆっくりと動き開眼し」，「曲が終わると同時に全身を大きく動かし」，「音楽の流れに沿った反応を示した」（S-5）。これらの反応から，A氏が「音楽を聴いていたことが推測できる」（前述）が，こうしたA氏なりの参加の仕方をセラピストが肯定的に解釈し受け止めることは，「音楽をする（遊ぶ）なかで，われわれが『個としてのみ生きているわけではない』ということを体験する可能性があり」（齋藤考由，2004）[注17]，「生きて行く力を回復させたり，獲得したりするのに役立つ場合がある」[注18] ことへとつながると考える。A氏が集団

による活動に参加したことの意味をここに見出すことができる。

4. 継続することの意義 〜活動が積み重ねられていくということ〜

　A氏をはじめとする，認知症の症状が進み前回のセッションをおそらくは覚えていないと思われる介護度の高いクライエントも，回を重ねるごとに活動になじみ，参加する意欲が高まっていく様子が観察された。音楽療法を短期間ではあれ，系統だてた内容で継続的に実施したことについては，「クライエントがセッションを楽しみに待つようになった」，「実施後にはクライエントの精神が安定した」という職員からの報告からも，その成果をうかがうことができる。

　A氏は，活動を重ねていくにしたがって「テンポに合わせて呼吸をし」（S-3），「次第に楽器を目で追うようになり」（S-5），「セッション中は目をキョロキョロさせ，個別にかかわったコセラピストとアイコンタクトをとることもあった」，「音の刺激で左足が上がり，首も動いていた」。また「音楽に合わせて身体の動きも見られるようになり」（S-6），回を重ねるごとに，反応が変化していったことからも，活動の積み重ねができていることが読み取れる。高齢者の記憶能力は「風景や絵などの非言語的な刺激についての記憶に関しては，加齢の影響がほとんどないことが報告されている」（高野隆一，2004）[注19]が，音や音楽という非言語的な刺激に対してもまた，同様の結果をあてはめることができよう。たとえ音楽療法セッションに参加したという記憶はなくとも，身体的動きをともなった音楽体験が感覚を刺激し，それが楽しい体験であるほどA氏の記憶のどこかにとどまり，積み重ねられていったのではないかと思われる。

　認知症が重度化していくに従い，「次第に他人に依存せざるをえなくなるといった身体的健康の喪失感は，当然ながら心理的な葛藤や不安感，絶望感などにつながっていく」[注20]ことは否定できない。集団による鈴紐を用いた音楽体験は，回を重ねるごとに，よりポジティブにA氏の感情へはたらきかけ，「ともすれば否定的な捉え方に傾きがちな自己概念を肯定的なものへと導き」[注21]，精神の充実度を向上させる一助となり得たと思っている。

まとめ

本稿では，施設の現状に即した比較的多人数の音楽療法の事例から，セッションに参加した重度の認知症を呈するA氏について観察された反応をもとに分析し考察を試みた。日常生活において反応がほとんどないといわれている重度の認知症であっても，集団音楽療法活動において音楽的環境や音楽的かつ尊厳をもった個別のかかわりを重視し，集団のメリットを活かすことで，効果をあげることは充分に可能であることが示唆された。音楽療法活動に参加することで引き出された機能や身体の動きといった反応を，今後の生活の中にも活かし，たとえ要介護度が高い状態にあっても心身ともに活き活きとしたその方らしい生活を送っていただくことを目標に，今後も実践および研究を続けていきたいと考えている[注22]。

注
1) 西沼啓次（2003）高齢者施設のアンケートから　日本音楽療法学会　3-2:136-145
2) 研究代表者：畑瞬一郎，実施担当者（学術研究員）：大見暁子，藤山真美子，今野貴子，学生アシスタント：重田絵美，王芳菲
3) A. アン・クレア（2001）高齢者のための療法的音楽活用　廣川恵理訳　一麦出版社　74頁
4) 文部省唱歌
5) 福岡県民謡
6) 鳥居忱作詞・瀧廉太郎作曲
7) うちわ太鼓（団扇太鼓）は，名が示す通り形状がうちわに似ており，移動しながら叩くことが可能で残響のある低い音がする。本来は仏教で用いられる法具だが音楽療法セッションでも用いられることが多い。本活動においても，楽器のもつ特性を活かし集団へ向けてリズムを支えながらテンポの変化を提示するのに適していると判断し用いた。
8) 大和田建樹作詞・多梅稚，上眞行作曲。本活動では多梅稚作のメロディを用いた。
9) わらべうた
10) トーンチャイムは，残響音が長く音楽的な一体感を体験するのに適しているため，高齢者に限らず幅広い領域で音楽療法セッションに用いられている。
11)「身体マッサージ，リラクセーション，野口体操，身体を用いたゲーム・遊びなどの手法をオムニバス的にプログラムしたもので，身体活動とそれにともなう表現行為をなごや

かな集団的雰囲気の中で実施することにより，参加者の心身の自然な動きやリズムを回復することを目的としたボディワーク中心の集団精神療法である。」簑口雅博（1997）うつ病者に対する集団ボディワーク．精神療法　23-1:43-50
12）同前
13）藤山真美子（2006）音楽療法における評価研究　東京藝術大学博士学位論文　19頁
14）J. ホイジンガ（1989）ホモ・ルーデンス　ホイジンガ選集1，里見元一郎訳　河出書房新社　21-27頁
15）同前
16）中村俊規他（2007）「脳外傷後遺症認知リハビリテーションにおける17）"遊び""笑い"とその脳機能賦活効果に関する実証的研究」認知リハビリテーション 2007:21-33
17）齋藤考由（2004）「音楽療法と遊び」芸術療法学会誌．Vol. 35, No. 1, 2 : 109-114
18）同前
19）福屋武人編著（2004）老年期の心理学　学術図書出版社　46頁
20）藤山真美子 前掲書　18頁
21）同前
22）筆者は2006年より2010年まで東京藝術大学の非常勤学術研究員を務めた。本事例を扱うにあたっては研究代表者の畑瞬一郎教授に同意をいただいた。心よりお礼を申し上げる。また，学術研究員として本事例の実践および研究をともに進めた大見暁子，今野貴子の両氏にあらためて深謝する。もちろん本稿の文責は筆者にあることを明記しておく。

（イラスト・藤山正人）

第7章
生きてきたように在りたい
緩和ケアにおける音楽療法

濱谷　紀子

はじめに

　私たち音楽療法士は，緩和ケアにおいて音楽と人としての存在により，患者の残された時間に寄り添うことが仕事である。その役割は「涅槃堂にこもり人生最後の時を，経を唱えながらむかえる末期の人に，かすれて出なくなった声を支えてともに唱えるかつての僧の役割と同じようだ」[注1]と感じる。音楽は心身を整える役割もあり，同時に経における気の交流そのものではなかろうか。

　緩和ケアが受け入れられる時代になり，患者本人そして家族や友人たちもそこでの過ごし方を受け入れてきつつある。患者の多くは，人生の最期を緩和ケア病棟で迎えることを選択した人たちである。病棟はほとんどが個室ではあるが，決して孤立した世界ではなく，個室での新たな出会いやデイルームなどで行われる様々な活動を通じて，まるで社会の縮図といわれる光景が展開され，その人らしさを最後まで貫く場所ともなりうる。また緩和ケア病棟が独立していない病院もあるが，総合病院の中で，緩和ケアチームとして緩和ケア病棟と同じようなケアを保障する体制を整えているところが増えてきている。そこにおいても音楽療法士は専門病棟と同じように対応する。

　現在，緩和ケア病棟では患者は平均2週間の在院と言われている。そのた

め非常勤の音楽療法士は少なければたった1回，ないし2回の音楽療法にその人との交流を凝縮させなければならない。そのために，経過を追うケースに出会いにくいが，この仕事は量ではなく質が重要であることはいうまでもない。ここでは，比較的長期に行った複数のケースを通じて，人生の最後までその人らしく在るための音楽療法を滋賀県のある病院での緩和ケアの実践から紹介する。

緩和ケアの音楽療法

1. 目的

　緩和ケアの主な目的は症状のコントロールであり，最期の生活の質＝QOL（Quality of Life：生命・人生の質）の向上に力点をおく。まず，人間の生きていく4大基本条件[注2]――清潔，食事，排泄，睡眠の条件――が整い，痛みのコントロールに関わる医療スタッフや心理的ケアや社会的ケアなどを担当するスタッフらがいる。そして代替医療を目的とする音楽療法士などがいる。

　病院における音楽療法の一般的な目的は，①身体的援助のため，②心理的・精神的援助のため，③認知的・教育的発達援助のため，④社会的・コミュニケーション促進援助のため，⑤霊的（スピリチュアル的）援助のため，と分類されよう。しかし，緩和ケアではあまりにも短期集中型のセラピーであるため，私たちは，まず患者や家族に会い，何が求められているかを聞き，または察しながらその求めに応じる。そしてそれらの求めの中に「最後まで生きてきたように在りたい」というメッセージを読み取り，「死が訪れるまで，生きている意味を見いだすための援助」「クライエントと音楽療法士の人間相互の尊重，または個人の生命の尊厳を重視するQOLの向上」[注2]を根底とした音楽療法を行う。実際に音楽をすること，音楽を聞くこと，音楽を語ることで，人生を振り返り，家族・友人との大切な時間の密度を高め，または何事もなかったように普段の通り過ごすようにすることが展開される。これらは患者自身を対象としたセッションでもあり，同時に家族や友人のグリーフ・ケアにもつながる。

2. 音楽療法をとりまく環境

　現在，音楽療法は徐々に社会に認知されつつあり，患者や家族には「この人たちは音楽で手助けをしてくれる人たち」という受け入れができている時代となりつつある。地域差はあるにせよ，かつての緩和ケアのように「こんな深刻な時に，音楽なんて聞いている余裕はない」といった極端な拒否は，ほとんどなくなってきている。時には「家族がここで音楽療法を受けて幸せだった。私も癌になってしまったが，その時のことが思い起こされ，この病院を選んだ」という患者も増えている。

　また，医療スタッフの理解も進み，積極的に患者に音楽療法の存在を伝え紹介し，利用するように勧め，事前のカンファレンス，患者への聞き取りによる情報収集や，音楽療法士とは違う立場からの事後の患者との音楽に関する対話など，音楽療法を有効に活かす体制が進んでいる。

3. 背景

　筆者が福祉や教育分野で音楽療法を実施してきた1970年代は，日本でまだ音楽療法が浸透していなかった時代でもあり，セラピーという体裁は整わず，療法的な音楽活動といった様相であった。査定や評価の方法も確定せず，音楽で良い時間を過ごし，生活や発達に良い影響がでること，という漠然とした目的で行われた。

　その後アメリカで人間中心主義や分析的心理学を背景とした音楽療法，特にノードフ・ロビンズ音楽療法やGIMに出会い，音楽そのものの質が音楽療法に深く影響すること，また対人援助の核となる「ミュージック・チャイルド」[注3]の概念やユング派の無意識の世界への旅を音楽で行う概念に強く影響を受けた。これらの概念は西洋諸国で生まれたものであるが，日本の宗教観，現在の日本の音楽環境の中に十分適応でき，音楽療法士がそこにいる患者の視点に立つことをたえず問い直すことによって，矛盾が生まれることはない。

　特に緩和ケアにおける音楽療法の背景としては，ユングの共同無意識の理念を大切にしている。つまり「見える世界＝ドゥーイングdoing（行為）」よりも「人類が一つに結びついている世界＝ビーイングbeing（存在）」（『愛と癒しのコミュニオン』鈴木秀子，文藝春秋）[注4]に音楽がどのようにかかわるか，

患者や家族が何を想い音楽の世界に参加するのかということである。

　一方で，音楽療法セッション（以下セッション）の場で，対象者の前に在る時は，理論は一度体の中に沈みこませ，人としてどのように患者や家族の前に立つかを最も大切にしているといってもよい。それは喪の仕事の携わる者としての礼儀であり，以心伝心や一期一会という言葉の持つ意味であり，また音楽を通して患者や家族の人生の時間軸を考え，最期を「音楽葬」で見送るという気持ちである。筆者の故郷には70歳以上で人生を閉じた人は「花葬式」で見送り，その長寿をあやかるという習慣がある。今では平均寿命に満たない年齢ではあるが，参列者には帰りに素朴な花束が手渡され，花の美しさや香りで村中がその人を偲ぶ。音楽療法士として花の代わりに音楽でその人生を彩りたいと考えている。

4. 音楽：臨床的音楽性

　音楽の特徴は，「刻々と変化していくクライエントのニーズに柔軟に対応できる」[注1]ことである。また「音楽の持つ美的な体験はどんな状況にあってもクライエントや家族に希望や喜びをもたらすことができる。音楽は言葉を超えた交流をもたらし，聴取のみでも大きな恩恵を受けることができるという特徴を持つ」[注1]。セッションでは，患者や家族のリクエストに応える，または音楽療法士が言葉を失った患者の代わりに音楽を選択するというやり方から始まることが多いため，既成の曲を使用する場合が多いが，その演奏方法は目前の患者の状態に合せて即興的に展開，再創造される。

　その音楽の展開は「臨床的音楽性の展開」[注5]と位置づけることができる。音楽療法士は，個人セッションであれ，グループセッションであれ，音楽を患者の呼吸や脈拍などの体調や人へ向ける気のエネルギーの状態にチャンネルを合わせていく。そして音楽がどのようにその場にいるすべての人へ影響しあい意味を生み出しているかを観察し，調性していく。リー[注5]は，「臨床的音楽性」を探りつつ発展させる音楽療法士には，「臨床的な音楽家であるか」が絶えず問われていると述べ，その主たる内容を，臨床的に聴くこと，美的・音楽分析・および音楽学の臨床的応用，臨床的形式と音楽的形式，根元的な力を持った作品の臨床的理解，臨床的関係と美学，作曲家の視点から見た臨床的分析，

としている。これらの概念は既成曲であっても既成曲であって基本的には同じと考える。

5. 音楽：リクエストすることの意味するもの

　緩和ケアでの「リクエストに応えること」の意味は通常の音楽場面と違う意味を持つ。特に「最後まで自己決定の場面があること」は重要である。ある患者は「介護・看護されてばかりいて何もできないまま死を迎えるのか」と感じる自分にも，「自分の意思表示ができ，決められる場がある」と語った。この言葉は，自立を願う気持ちや，意思決定を持つことへの人間として当然の願望を象徴している。

　自分が選曲した意味ある楽曲は，人生のある時期をフラッシュバックさせ回想をもたらし，また特定の感情をもたらす。感情を刺激する音や音楽が，脳内機能の痛みを感じるプロセスに多大な影響を与えることが生物医学的リサーチでも明らかにされてきているが，同時に音楽という媒体を使って人生を振り返る精神活動を行うことも明らかである。その活動は病による孤独な感情を，音楽によってその場にいる家族や友人，入院仲間と共有することもできる。音楽は，直接言葉で語らなくとも，また語れないことを代弁してくれる。知らず知らずに家族や友人へのメッセージとなり，また家族が患者を思ってリクエストすることで，家族の絆を確信することもできる。前述したように，これらの活動は，死後も家族や友人を支えるグループ・ケアとなる。

　リクエストすることは「歌選びテクニック」とも呼ばれ，アメリカの音楽療法士マーティン[注6]は「彼らは自らが胸に抱いていることをはっきりと表している詞を含む歌を選ぶことが多い」とのべている。欧米の緩和ケアの音楽療法は主として音楽心理療法として関わることや個人セッションが多く設定されているから，と考えられる。また常勤職が多く，日々刻々と変化する患者へ細かく対応することができる環境がある。

　私の経験では，もちろん気持ちを代弁する歌詞の曲を選ぶこともあるが，慣れ親しんだ曲を選んだり，人生の分岐点に出会った曲を選ぶことが多いように思われる。日本の緩和ケアの音楽療法士は非常勤職が多く，週1回ほどのグループセッションを実施し，その合間を縫って個人セッションの実施をする場

合が多いので，患者へのきめ細かい対応は十分に行えないと感じる。同時に日本の患者の特徴として，こんな時までと思われるほど「この曲なら皆さんもご存じでしょう」と共通に知る音楽であろう童謡・唱歌を選び，「この世代ならこの曲を聞いているでしょう」と流行歌を選んで初対面に近いグループメンバーを気遣うことも多いのである。もちろん，同時にその選曲に自分を反映させているのではあるが。そして，このようなセッションでの個別対応の不足を補うためにグループセッション終了後に個室を訪問し，音楽について語るという個人セッションを展開している。

　このような条件下での「慣れ親しんだ曲を選ぶ」行為であっても，患者の胸中は十分に察することはできる。ほとんどの時間を個室で過ごす患者が，音楽場面でたまたま出会った患者仲間に対して「暗黙の了解」や「察する文化への感覚」を働かせ，本人も最期の時の深刻な状況にはあえて触れず，あくまで音楽を楽しみ，嬉しく味わい深い時を過ごすことを大切にしたいという思いがあると感じる。そのために共通の素材である慣れ親しんだ童謡・唱歌や流行歌をリクエストするのであろう。そしてこれらの歌は，人生の最後に故郷を想い，家族を想い選んだ曲として，リーの言う「根元的な力を持った作品」であり，その患者にとってのシンボルソングと言えるものとなる。

ケース 1

1. ケースの背景

　A氏は総合病院の一般病棟の個室に入院する50代の癌患者（男性）である。緩和ケアチームの看護師が担当している。精神的に繊細で，その疾患も抱えながらの闘病生活である。家族は働いており，音楽療法の場面に立ち会ったことはない。

　Aは入院までは現役で働いており，見舞いには職場の同僚も時折くる。絵を描くことが好きで，セラピーの最中に音楽療法士の様子をスケッチし，また次回のセッションへ向けてのリクエスト曲を書いた画用紙の裏に必ず絵を添えて渡す。病が進行し，字が徐々に乱れてきても，絵は色鉛筆できれいに色づけされている。

2. 治療プロセス

初回は隣室の個室での音楽療法に気づき，「僕も音楽が好きだからやってくれる？」と自ら音楽療法士に声をかけてきた。同時に看護師からも音楽療法を勧められる。セッション開始時には余命宣告はされておらず，2回目終了後に告知される。それから，自宅近くの病院へ転院するまで毎週，約20分，計13回の個人セッションとフロアーでのグループセッションを2回，延べ3か月半のセッションを実施する。

地元のホールでジャズやポップスをたくさん聞いたことや，「絵は描ける。あとは音楽ができたらな」と意欲を見せながら，米米クラブや槇原の曲などを次々とリクエストする。楽しい雰囲気が病室に満ちる。♯2はフロアーのグループセッションに参加し，ハイファイセット，ケツメイシ，JUJU，加藤登紀子，など5曲のリクエストをする。見舞いの友人も一緒に参加。終了後手術室へ向かう。♯3以降の余命告知後までは，治療の気晴らしに好きな音楽で過ごしたいという気持ちがあふれていた。一方で様々なリクエストをして音楽療法士を試すような様子もみえる。音楽療法グループは電子ピアノ，歌，フルート，サキソフォーンで，曲により組み合わせて対応する。

余命告知後，気分の落ち込みが激しい。♯4では時折咳込むこともあり辛そうであるが，音楽療法士の前では平静を装う。途中から音楽療法士のスケッチを始め，終わりに「また来週」といってやっと笑顔がでた。

この頃は，音楽は受け入れるが音楽療法士にはまだ心を開いてはいないという様子がある。「若くして死ぬ人もいるから，こうして生きていることはラッキーかもしれない」「何か楽器をやっておけば良かった」などと筆者に話す。また若い音楽療法士に毎回絵をプレゼントするという形で関係を保ち，饒舌的にたくさんの曲をリクエストする姿は病である精神症状が出ているともいえる。しかし，それらをすべて受け入れて，絵を描きたい，音楽を聞きたいという前向きで健康な気持ちに沿っていく方針を確認する。

♯5からは筆者は病室に入らず，廊下で待機するという形をとる。彼は繊細で人の心を覗き試すという傾向がある。それが経験のある年長のセラピストに対する苦手感を生み，自分がコントロールできそうな音楽療法士とともに

「自分のコンサート」を演出することに邁進したい様子が見られたからである。体は確実にしんどくなり，痩せて辛そうになってきている。

＃8頃からリクエスト曲を目をつぶったまま聴き，一曲ごとに「いいなあ」「サックスもいいなあ」「この曲はフルートにあっているな」と語り，また曲への思い入れを語る。顔色は悪いが気分は落ち着いており，試すような様子は徐々に削げて無くなり，深く内省している感がある。その日のテーマも決め，「空」「風」「別れ」などを提案する。時には「今日は，シェフのお任せコースでいいな」とすべてを音楽療法士に託すこともあった。

＃15最終セッション。自宅近くに転院が決まり，不安がありながらもすべてを受け入れている様子である。「今日はドアを閉めて下さい」という。いつもは廊下の医療スタッフにも聞こえるように少し開けてあった。3曲目あたりから少しウトウトと傾眠状態に入る。最後のリクエスト「今日の日はさようなら」で終わる。音楽療法士から，たくさんのリクエストをいただいたこと，新しい曲をたくさん勉強できたこと，など礼を述べる。Aからは「春の訪れ」と名付けられた自作の絵，手紙などが音楽療法士に渡され別れる。

リクエスト曲目の例：順不同

卒業写真，ロマン飛行，例えば君がいるだけで，どんな時も，冷たい雨，誰もいない海，さくら，知床旅情，ハローアゲイン，YAYAYA，雪の華，愛を止めないで，奇跡，蕾，ひだまりの歌，最後の雨，セロリ，ライオンハート，夜空のムコウ，島人の空，無縁坂，エブリシング，イノセントワールド，トゥモローネバー・ノーズ，風になりたい，三日月，サボテンの花，I believe，また逢う日まで，長い間，Story，想い出の赤いヤッケ，遠い世界に，あの素晴らしい愛をもう一度，旅の宿，少年時代，白い雲のように，部屋とワイシャツと私，北風，負けないで，瞳そらさないで，サンタが街にやってくる，クリスマス・イヴ，Happyクリスマス，恋人がサンタクロース，白い恋人たち，雪山賛歌，メリークリスマス，クリスマスキャロルの頃には，会いたい，サイレント・イブ，未来予想図Ⅱ，きよしこの夜，ラストクリスマス，Winter Song，流れ星，素敵なホリディ，空よ，風，この広い野原いっぱい，22才の別れ，ありがとう，舟歌，なごり歌，また君に恋している，愛をこめて花束を，

冷たい雨，お世話になりました，卒業（斉藤由貴），卒業（尾崎豊），春なのに，今日の日はさようなら

3. 考察

Aにとって，音楽療法は孤立を深めがちな個室での闘病生活の救いになったと思われる。家族は仕事があり，付き添う看病はできない。またその精神症状からか，あまり友人も来ない様子であった。そんな時，白衣のスタッフではない病院スタッフの音楽療法士が，自分の趣味の絵とつながる音楽で，しかもAの世代を反映したリクエストにすべて応えるという形で対応することは，Aにとって思ってもみなかった機会であった。その機会をどのように活かすかを，次の週まで準備を重ねたといってもいい。

自分の音楽体験を振り返りながら人生を振り返ること，人とうまくやることに難しさを持つAにとって新たな出会いが持てたこと，しかも自分が年長者・経験者として音楽という抽象的な表現を使って若い音楽療法士を中心に時間を共に過ごす体験ができたこと，自分の絵をかくという趣味が音楽と結びついて活かされたことは，大きな慰めをもたらし，現役であったままの自分自身を保持できたと考えられる。

ケース2

1. ケースの背景

B氏は総合病院に入院する80代後半の癌患者（女性）である。病棟看護師と緩和ケアチームの看護師が担当している。4回のセッション後，逝去し終結する。発症してから長い入院生活で，本人は帰宅願望がある。しかし，症状も重く希望はかなわない。音楽療法は，看護師からの要請であり，痛みやしんどさを訴える患者に少しでも良い時間をすごしてほしいとの期待で開始することになった。患者自身からは，特に希望の音楽はなく，看護師から懐かしい曲をやってほしいとの依頼があった。

2. 治療プロセス

＃１は，放射線治療後であったため，体調が特にすぐれずストレッチャーごとセッションの場であるカンファレンス室に来る。相部屋であるため，他の患者に配慮してのことである。「音楽聞く気にならへん。はよ家に帰りたい」と述べる。私たちは「ではお部屋にお送りする音楽を演奏します」と，「紅葉」を患者の呼吸に合わせて演奏すると，耳をすませて聞いている様子であった。その後「夕焼け小焼け」をバックグラウンドに退室する。

＃２：病室で行う。しんどさは同じであり，開始時は目をつぶったままかすかにうなずく程度の反応がみられた。しかし１曲目の「赤とんぼ」が終わると，布団から手を出し拝むように手を合わせ，「懐かしい曲だわ」という。「紅葉」「琵琶湖周航の歌」と進むうちに呼吸が安定し，深くなる。そして小さな声で歌い，笑顔が見られる。「懐かしい」を繰り返す。「ひばりさん好きですか」と聞くと「好きです」と答える。たった７〜８分のセッションであったが，みるみるまに呼吸，顔色，言語コミュニケーション，動作に変化が出て，特に気分が大きく変わっていった。これらの曲は患者の呼吸や体力に合わせるようにテンポや強弱を調整している。

＃３：少しずつせん妄状態がはじまっている。眉間にしわを寄せ，険しい表情。目はつむったままで，寝間着の襟元などに手をもっていきいじるしぐさを続ける。１曲目の「里の秋」ではまだ落ち着かない様子である。２曲目の「故郷の空」あたりから，筆者と手を合わせ，祈るようなしぐさでゆっくりと上へもちあげる。曲が終わるとすっと自ら手を下す。ひばりの「りんご追分」「琵琶湖周航の歌」では，部分的に口を動かして歌う。手に温かみが戻り眉間のしわをとれる。同席の娘はその姿を見て涙があふれる。

＃４最終セッション：かなり容体は悪化し個室へ移動していた。痛みの軽減のための投薬で眠っている。患者の呼吸に合わせて，「赤とんぼ」「津軽のふるさと」「琵琶湖周航の歌」を歌う。呼吸は徐々に安定する。「琵琶湖周航の歌」の前に少し目を開けたので，「やりましょうか」と問いかけるとうなずくようなしぐさをする。顔色に赤みがさし，フルートの演奏の時はそちらへ顔も向けた。今回が最後になるのではないかと予感されるような状態であった。その３日後に逝去。

3. 考察

　帰宅を願いながらもかなわず，ぎりぎりまで治療を続けた患者であった。総合病院という性格上，いわゆる緩和ケア病棟とは違う対応もある。しかし音楽療法はそのような状況の中でも音楽により，体調，特に呼吸の安定や精神的安定のケアに集中することができる。音楽の質は患者の体調に合わせ，響きや音量，テンポ，ニュアンス，そしてハーモニーに注意が必要である。かなり重篤な状態でも注意深く届けられた音楽は患者の体と心に届いたといえる。

　この病院には緩和ケアチームがあり，各科に点在する緩和ケア対象の患者を総合的に見守っている。音楽療法の個人セッションはそのチームからの依頼が多く，大きな病院の中で，患者と音楽療法をつないでいる。Bは帰宅がかなわない悲しみを抱えながら，自分の人生を音楽によってその地域や思い出につなげることができたのではないか。

まとめ

　私たちのMTQ音楽療法グループは緩和ケア病棟2か所と総合病院の緩和ケア対象患者へ音楽療法の実践をしている。今回は総合病院のケースを紹介した。2ケースともリクエスト曲や既成の曲を臨床的に使っているケースである。

　体調の活性化・沈静化，気分や不安の軽減，痛みの軽減という具体的な改善とともに，グループ活動では「患者者同士のつながりにより他の人の顔を見て安心した」「他の人のリクエスト曲を聞いて，あんな曲もあったと思い出すきっかけになった」と社会的な広がりを体験することもできている。回想や励ましを得ることもでき，入院しながら外出という形で音楽会へ行く希望を持ち，音楽で自分ができることを発見し，家族との交流もはたせる。時には，新たな経験もできる。スポーツにしか興味のなかった患者が人生の最期でやり残した宿題を果たすように，音楽体験をするということもある。

　緩和ケアでの音楽療法の柱は「人生への尊厳」と「音楽への信頼」であろう。音楽を通して患者の人生のエピソードを綴り，物語ることができる。呼吸を丁寧に見ることは，患者をすぐ理解しようとすることではなく，一息一息ゆっく

りとかかわりながらタペストリーを織っていくような作業ともいえる。

音楽そのものの体験とそこから展開された表出は表裏一体であり，音楽療法はその双方を包括する活動であろう。

最後にこの素晴らしい活動をともに過ごした何百名の先立たれた患者の皆様に，感謝を捧げたい。

注
注1) 濱谷紀子・野村直子（2006）リクエスト曲からのメッセージ——緩和ケア病棟における音楽療法の可能性．同志社女子大学学術研究年報 57．p.131．
注2) 同上．pp.131-136．
注3) キャロル・ロビンズ＆クライヴ・ロビンズ「創造的音楽療法における自己との対話」（ケネス・E. ブルシア／酒井智華・岡崎香奈・よしだ じゅんこ・古平孝子訳（2004）音楽療法ケーススタディ〈上〉．音楽之友社，所収）
注4) 鈴木秀子（1999）愛と癒しのコミュニオン．文藝春秋．
注5) コリン・リー（2004）「音楽療法特別講座」．ミュージックセラピー PLAZA 大阪主催講座資料より．
注6) ジェニー・A. マーティン「死に逝くときの音楽療法」（ケネス・E. ブルシア／よしだ じゅんこ・酒井智華訳（2004）音楽療法ケーススタディ〈下〉．音楽之友社，所収）

第8章
音楽を通して引き継がれる思い
緩和ケア病棟における音楽療法

溝上　由紀子

はじめに

　「人が死に直面していて何とか身体を良くしたいと思っている時に音楽が一体何になるのか」とは，筆者がこの領域で初めて音楽療法を受け持った際，ある患者により投げかけられた言葉である。患者は緩和ケア病棟に様々な思いを携えてやってくる。この領域の音楽療法において個々人の音楽歴と人生に関心を寄せ，寄り添っていくことは大切であるが，それ以前に，目の前にいる人が死と自らの病にどのように向き合い，"いま，ここで"どのような状態にいるのかをまず敏感に感じ取り，その思いに耳を傾けることは前提条件であろう。"死"という概念も健康な状態と，重い病を患った状態では感じ方が全く異なってくる。ここにやってくる多くの人にとって死とは明日やってくるかもしれない容赦ない現実なのだ。頭で理解していることと湧き上がる感情の間で引き裂かれそうになることもある。これから紹介するA氏は，病棟にやって来たばかりの頃「ここは死ぬところなの」と看護師に尋ねており「まだやりたいことがいっぱいある。あと20年は生きるぞ！」と言っている。この領域で働く音楽療法士には，自身もまだ体験したことのない患者の壮絶な身体的・精神的な"痛み"について知るだけでなく想像力を最大限に働かせ繊細に関わっていくことが求められる。

今回の事例では、もともと音楽を専門として生きてきたA氏との関わりから、死を目前にした病の中にあってなお音楽を体験する意義、音楽を療法的視点で用いること、緩和ケア領域で働く音楽療法士にとって特に必要と思われる基本姿勢について考察していきたい。

背　景

A氏は50歳代前半の音楽を職業としてきた男性である。専門はピアノで、主に仲間との演奏活動や教育に携わってきた。癌の始まりは50歳になりはじめた頃で、右中咽頭癌と診断され、化学療法、放射線療法を受けた。翌年、下咽頭癌と診断。そして咽喉頭摘出手術を受け、この時から声を失った。またこの頃には重症急性膵炎も患っている。症状は更に悪化し、左中咽頭腫瘍摘出手術を受け、その後、下口唇腫瘍摘出術と左中咽頭癌切除術を受けるなど入退院を繰り返し、その後、緩和ケア病棟に入院する運びとなった。この頃には心不全、甲状腺機能低下症、腎障害、高度貧血などもあり、左橈骨神経麻痺のため左手が動かない状態だった。病棟ではリハビリとして理学療法を受けることになった。A氏は公の場に出る時は、大抵大きなマスクを使用し、コミュニケーションは小さなホワイトボードを持ち歩いて筆談で行った。家族状況としては、妻とは離婚していたが、離婚後もメール等のやり取りが続いていたおり、このつながりが、病棟でのA氏を支えているようであった。しかし決して会おうとはしなかった。2人の娘たちとは「小さい頃に別れたから責任を感じるので会いたいとは思わない」とのことであった。近くには妹が住んでおり、時折面会に来ていた。

経　過

最初の出会いから音楽療法開始まで

音楽療法士である私の存在は、医療スタッフにより、あらかじめ情報を得ていたらしい。この緩和ケア病棟において私は週に1度、基本的に患者個人、時にその家族も含めた音楽療法を行っているが、別枠として午後に1時間程

度，計21床を有する緩和ケア病棟内のホールで"歌の時間"も設けている。これは狭義の意味の"グループ音楽療法"ではなく，患者やその家族，医療スタッフが直接顔を合わせ"ともに歌うひと"として相互に関わることのできる病棟内のコミュニティの場としてある。選曲は基本的にこの場に集まった人たちのリクエストに基づき，思い出や気持ちを共有する場ともなっている。この"歌の時間"は，ここの緩和ケア病棟に関係する者であれば誰でも自由に参加できる。A氏は入院後，まずこの場に顔を出した。皆で歌を歌っている時に，どこからか静かに歌の本に目を通している気配を感じ，ふとA氏の方を見て「そうだ。声が出ないのだった」と気がついた。自らリクエストすることはなく控えめに座り，周りの様子を見ている様子が印象的だった。歌の時間が終わった後，A氏はこの歌詞本を借りていったが，その後，この歌の時間に現れることはなかった。

　音楽療法への導入にあたっては，患者の本来の関心をベースとしながらも，その時の状況により様々な反応，ニーズがあるため，柔軟に関わる必要がある。"音楽療法"と聞いて手放しに喜ぶ人はむしろ少数派なのではないだろうか。これも職業としての音楽療法の社会的な普及と認知の度合いにより，これから変化していくのであろうが，まだ発展途上にある現時点では，まず何をしてくれる人か分からないためきちんとした説明を求める人，身構える人，戸惑いを覚える人など様々である。担当医師による紹介があっても突然患者の部屋に向かうと音楽療法士は外から来た"侵入者"のように捉えられがちである。したがってここに看護師などの日常関わる信頼できる人からの事前の橋渡し，或いは"歌の時間"で音楽療法士の存在を直接知っておくことは，始めの関わりをスムーズにしてくれる。そのためには日頃から音楽療法という職業の内容について，医療スタッフに伝え，よく理解してもらう努力がなされている必要があるだろう。

　A氏は長年，音楽を職業として生きてきた人である。音楽はA氏のリソースである一方で，入院時にまだ自身の病状の深刻さを受け入れきれずにいる様子から"音楽療法"と聞いてもかえって辛く感じ拒否される可能性があった。こうしたことからまずは様子を見，自然に話しかけていくことにした。次にA氏と関わったのは，別の患者のリクエストによりホールにあるピアノを用

いて私がベートーヴェンの「月光」を弾いていた時である。音が聞こえたから
か，しばらくするとA氏をはじめ，数名の患者たちがホールに集まってきた。
弾き終えるとA氏はホワイトボードに「せっかくの演奏がもったいないから
調律をしましょう」と書いてこちらに見せてくれニッコリと笑った。この事
から関わり始めるのに今が良い時と感じ，お話をしようと声をかけたが，この
日はちょうど理学療法の直前だったため時間の都合がつかなかった。そのため
次回，部屋に寄り話をする承諾を得た。しかしその後A氏の体調が思わしく
なく，部屋に寄ることが実現したのはそれから2週間後のことであった。そ
の日の朝に看護師長からA氏が数日前にホールにあるピアノを弾いていたと
いう情報を得た。A氏がピアノを弾いた後に医療スタッフのひとりが病院内
でのコンサートの話を持ちかけたが「自分は左手が動かないので……」と断っ
たとのこと。その情報を踏まえたうえでA氏のもとを訪れた。ここの緩和ケ
ア病棟はすべて個室で，入院している患者の多くは，ドアは開いていてもカー
テンは閉めてあるなどプライベートを大切するが，A氏の場合は，ドアもカー
テンもいつも開け放しであったのが意外で印象的だった。A氏については
「音楽の先生」という大まかな情報しか得られていなかったため，まずは体調
が良さそうなのを感じ取った後，音楽との関わりについて尋ねてみた。すると
A氏はホワイトボードに音楽大学名を書き，自分が音楽を専門に学んできた
者であることをまず示した。具体的に尋ねていくと「教育とスタジオで演奏」，
「主にシンセサイザー」，「シンセ＋グランドピアノ＋クラビノーヴァで合わせ
たことも」など，勢いよく書いていく。あらゆるジャンルの音楽を演奏して
きたようで，楽譜をみてその通りというよりもコードを見れば演奏できるとの
ことであった。ちょうど壁の方を見ると沢山の張り紙が貼ってある。それを見
て何であるのか尋ねてみると，友人たちの演奏会の予定であるとのこと。「日
本全国に散らばっているのでなかなか会えない」と書いたので「では壮大な旅
行の計画をたてないとなかなか皆さんに会えませんね」と言って一緒に笑った。
本病院には2Fの食堂談話室と7Fの緩和ケア病棟ホールに一台ずつアップラ
イトのピアノがあるが，A氏はその両方のピアノを試してみたようで「7Fの
ピアノは調律が悪い」，「2Fのピアノは，調律は良いがタッチが悪い」と書い
た。その後，数日前にピアノを弾いたことを自らごく自然に語り始めた。しか

し右手で，だらんとした自分の左手を指さしたので，その身振りで「ああ，左手が動かないのですね」と答えると悲しそうな表情で頷いた。このことと事前に得ていた情報のことを思いながら"できない"ことよりも今"できること"を生かし，それが精神的支えに繋がることを願い「右手は良く動くのだから良かったら私と一緒に連弾してみませんか」と提案をした。「私が左手になります。そうですね，パッヘルベルのカノンのコードはいかがですか。それにAさんが右手の即興でメロディをつけて頂ければ…」と話すと，A氏はこの提案を気に入ったようでホワイトボードに素早くコードを書きこんだ。そしてこのコードを弾くにあたり「左手はベースの音，右手は和音で」と指示した。このピアノ即興演奏は，時間とA氏の体調の都合により次回に持ち越されたものの，この日をきっかけにA氏とは音楽と共に深く関わっていくことになった。

音楽療法の通奏低音となる基本姿勢

　ドイツの音楽療法士ドロテア・ビューネマン Dorothea Bünemann とマルティーナ・バウマン Martina Baumann は緩和ケア・ホスピス領域で働く音楽療法士に有益な内なる姿勢のひとつとして「意図しながらも意図しないこと」（Absichtvolle Absichtlosigkeit）を挙げている (Baumann M., Bünemann D., 2009)。これはどういうことかというと，我々ケアを施す側としては，音楽療法のなかで当然のことながら患者に必要で有効と思われる目的を携えて関わっていくわけだが，それは療法士側が考えた目的であって，こちらが提供することに応じるか応じないかは患者自身が決めるということである。つまり"意図"（目的）を持ち，努力しつつも"意図しないこと"（自分が掲げた目的に従わせようとしないこと）ということであろう。患者の意思を尊重することは，どの領域の音楽療法にとっても当然のことであるが，患者がこちら側の提供することを受け入れないという選択をしても，それを療法士の中にありのままに受け入れることのできる準備が整っていることは大変重要である。特に緩和ケア・ホスピス領域において患者は自身ではなかなかコントロールできない"病"と"痛み"に常日頃から晒されており，無力感を感じやすい。そういう時に自分のやりたいこと，やりたくないことを選択し，コントロールでき

るという感覚を持つことは特に大きな意味を持つ。また患者に自分の意向を示す元気があればよいが，次第に病状が重くなり言葉によるやりとりも困難になってくるに従い，療法士の側にその患者の意図するものを，自身の主観や価値観に囚われることなく感じ取る感性と責任が求められてくる。特に言語によるやり取りが厳しい状態にある患者と接する時に音楽療法士は，部屋に入る瞬間からその空気を感じ取るとともに，患者の表情，呼吸のリズム，目の動き，姿勢，筋肉の動きなどから彼らのかすかな意向を感じ取れるよう敏感になる必要がある。A氏の場合，連弾による即興を行うという私の提案は幸い受け入れられたが，もし受け入れられなかったとしてもA氏自身の"音楽に対する思いを支える"という目的をベースに他の方法を模索しただろう。なぜなら自ら病棟のピアノを弾きに行ったという行動自体にA氏の中に"音楽をしたい"という思いがまだあると確信したからである。つまりA氏の中に音楽に対するニーズがあり，私独りよがりの目的ではないと思われた。A氏にとって"音楽すること"がQOL（Quality of Life: 人生の質）の向上になるであろうということ以外に，そもそも"音楽"とはA氏にとってどういうもので何を意味するのか，音楽を通して関わりながら共に探究していくこととなった。

音楽を通して関わり始める

連弾での即興の約束をした次の週，つまりA氏が入院して約1か月後にA氏の部屋を訪ねると，横になっているようだったので声をかけるのをはじめ躊躇したが，看護スタッフが「声をかけてもいいですよ」と教えてくれたので声をかけてみた。A氏は眠っていたのではなかったようですぐに起き上がった。「連弾の件ですが，先週あれから会えませんでしたので今日の予定を伺いにきました」と話しかけると「今すぐ」とのこと。A氏からの提案で私は右手の部分を，A氏は左手のカノンのコードの部分を弾くことになった。こちらは逆の役割を想定していたため，始め少し戸惑ったがA氏が言われる通りにやってみた。A氏の左手は麻痺しているものの，一音ずつであれば弾けるようであった。器用に左手で一音ベースの音を，その後右手を分散させてカノンのコードを弾いた。私も両手で演奏した。少し緊張したためか私のテンポが速

くなってくる。するとＡ氏は手を止め「そんなに急いで弾いたらカラヤンのカノンになってしまう」とホワイトボードに書いて笑った。気を取り直しもう一度ゆっくりと演奏することに。最初は緊張したが，次第に演奏の中に引き込まれていく。演奏している間に隣にいるＡ氏から「ああ，やはりこの方は演奏家なのだな」と感じる気迫と熱気のようなものを感じた。ひたすらピアノを弾いているうちに音楽に引き込まれこちらも完全に即興になってしまい，演奏に夢中になった。今度は右手役と左手役を交代して演奏。演奏終了後Ａ氏は「これを１人で弾けたら最高」と書いた。この体験は私に音楽の原体験のような記憶を呼び覚ましたのだが，この感覚を医療スタッフにどのように伝えたらよいか困難に感じた。何となくこれから音楽療法の可能性は感じ取ってはいたものの，この時点で何の「可能性」なのかはまだ分からずにいた。ただＡ氏の音楽に対する内なる衝動の一部を感じ取れたように思う。何のためにＡ氏は音楽をし，彼の人生にどのような意味を持つのか，その答えはこれから音楽と共に関わっていく中で得られるような気もした。しかしその次の週，Ａ氏のもとを訪ねようとしたら主治医に「本日はきついので」と残念そうに断られたという情報を得た。ちょうどＡ氏の入院後１か月ちょっと経過したこの時点で，担当医師によると余命は「おそらくは週単位と思われる」とのことであった。

翌週，Ａ氏は起き上がり，食堂談話室にいる姿を見かけたので声をかけた。様子を見て連弾について「本日は如何ですか」と尋ねてみると，右手の方をこちらへみせて「今日は右手も痛い。調子が悪い…」といった風にジェスチャーで示した。そこで「では私が数曲弾きますから聞いて頂けますか」と提案すると，それは受け入れられた。正直なところピアノを専門としてきた方の前でピアノを演奏するということは，私自身の演奏の間違いや物足りなさをすべて見透かされてしまうような，ある意味，勇気のいる体験であるが，不完全で未熟な部分を含め，まず自分自身のありのままをさらけ出すことは，お互いの療法的関係性を深めていくうえで大切なことと思われた。更にＡ氏がここで求めているものは完璧なプロの演奏ではない。それは自身の音楽に対する情熱を思い出させてくれるような演奏である。音楽療法士としてはある程度の演奏技術を持ち，良い演奏ができるよう常に努力していなければならないが，何のため

の演奏なのか，何が目的なのかを意識し，押さえておくことは大変重要である。A氏の中にある音楽と触れることができるようにと願いながらクラシックを中心にバッハやモーツァルト，ドビュッシーなどを弾いた。それらに対しA氏は「バッハは私も好きですよ。和音がきれい」，「モーツァルトはポリフォニーからモノフォニーに変わるからまた違う」ドビュッシーのあとには「ラベルの"亡き王女のためのパヴァーヌ"が聞きたいな」とコメントした。この時点からA氏自身が演奏するのではなく，私が弾く演奏を"聴く"ことが専らメインとなっていったのだが，A氏と音楽の関わりを繋ぎとめておくこと，音楽を通してA氏の中にある内なる力を思い出してもらう事が基準であったので，それさえ押さえておけば，あとはどちらが演奏しても構わないと思った。

　入院して2か月が経った頃，社会的な背景としてA氏は退院して自宅へ戻ることを希望し，それに対し担当医をはじめ看護スタッフ，医療ソーシャルワーカーなどが関わり話し合っていた。かなり深刻な病状に医療スタッフは，退院には疑問を抱いていたが，何とか本人の意向を尊重し実現させようと努力していた。しかしそれから口唇，口腔内に再発していた腫瘍の痛みも次第に増し，食事にも影響しだしたこともありA氏自身も覚悟を決め，自宅へ戻らずここで過ごすことに決断したとのことだった。現在の自分の状況を現実的に受け止められるようになったということだろうか。この頃，私はA氏から"演奏すること"も"聴くこと"も断られたが，現在の体調については筆談で語ってくれた。痛みが増したことにより，それまでの大量の麻薬鎮痛剤に加え，ケタミン[脚注1)]が処方され，これを飲むと痛みには効くものの身体に力が入らず意識も朦朧とするとのこと。「ああ，そうしたら聞こえ方も変わってくるかもしれませんね…」と答えるとA氏は「来週には身体が慣れてきていると思います」と書いた。「今はどのような音楽を聴きたいと思いますか」と尋ねてみると「ラベルのパヴァーヌ」と書かれる。これは簡単な曲ではないので「次回しっかり練習してきます」と答え「あ，でもピアノの調律はまだ良くなさそうですけど」と言って笑うとA氏も「オーケストラのパヴァーヌもイマイチ」

脚注1）麻酔薬の一種。緩和ケア病棟では持続注射や院内調剤を行い経口薬として鎮痛補助薬の役割で用いられる。

と書いて笑った。

語りだされていく音楽体験

　A氏が入院してから2か月と少しが過ぎた頃，食堂談話室にいる姿を見かけ，気になった薬の調子についてまず尋ねてみた。「だいぶいいが，相変わらず眠くなる」とのことだった。しかし続けて勢いよくボードに書き始めた様子を見て，そのまま会話を続けた。「パッヘルベルのカノンが先ほどのコマーシャルで流れていた」，「彼が生きていたらずいぶん儲かっていただろうね」などと書かれる。その頃，カンファレンスにてA氏に借金があって最近それが解決したらしいという情報を得ていたので，そのことを思っての発言なのかと考えた。その後，音楽そのものの話題となる。A氏は中学の時にこのカノンの曲を知ったが当時楽譜が無かったこと。当時の部活ではサックスを演奏していたこと。大学では専門はピアノであったがフルートも学んだこと。しかし当時は作曲・編曲ばかりやっていたことなど，どんどん書いていった。また音楽心理学にも関心を持っていたようで，音楽が人に与える影響についても少し学んだとのこと。「音楽は人にものすごく影響を与えるものだから，良い影響を与える分，無理をすると苦痛を与えることにもなりますね」とコメントすると頷いた。それから改めて音楽療法と楽器の話にもなった。ドイツの多くの病院にモノコード（単弦琴）という倍音がでる楽器があり，リラクゼーションなどに主に用いられていることを話すと，その楽器に興味を持ったようだった。その後A氏の方から「ピアノ聞きたいな」と書いてきたので，その日はそれから薬の副作用が薄れてくる時間を見計らって，A氏の体調が良くなってきたと感じる時間に合わせて演奏をした。

　その次の週，A氏がモノコードという楽器に興味を持ったことを思い，知人がその楽器を持っていたため，お借りして病院へと持参した。どうしても聴いて頂きたかったからである。過去に思いを馳せるだけではなく，興味があれば，まだ新しいことも体験できるのだと感じて欲しかった。ちょうどこの日，A氏は左手の麻痺に加え，左足も動きにくくなってきているということで，そのための検査の予定が入っていたため，その後お会いし，楽器を見せることになった。私はA氏の前で，実際に音を少し鳴らしてみた。少しリラックスしているのかと思いA氏の方を見てみると，リラックスどころではなく

目を見開き，興味津々の様子だった。それから自分でも1本ずつ弦をはじき，優しく指の腹，或いは爪を用いて触れ様々な音色を試し，倍音を聴き探索した。その後，ホワイトボードに「単純なのに吸い寄せられる」とコメント。それからもう一度こちらが演奏して，この倍音の音色を聞いて頂いた。この音色を聴いた後，A氏は「これ知ってる？」と書き，立ち上がってピアノへと向かった。

　頭の中に，あるメロディが浮かんだようで「かわいい曲」と書いてからピアノを演奏し始めた。麻痺のある左手も一つの指でもしっかりと音を分散して演奏した。私の知らない曲だったが，シンプルな愛らしい感じの曲だった。演奏後にこの曲についてたずねたところ，有名なものかどうかは分からないが，既に頭の中にあった曲だという。私はかねてから疑問に思っていた病気を患った後のA氏の音の聞こえ方について尋ねてみた。すると「基本的には変わらない」との答えが返ってきた。その後，もう一度この音色をじっくりと聴きたいとのことであったので，今度はピアノのあるホールからA氏の部屋へ移動し，落ち着いてゆっくりと聴いて頂いた。モノコードという楽器は，すべて同じ音に調弦してあり，しばらくの間，休むことなく音を鳴らしていくと次第に倍音の響きが浮かび上がってくる。ドイツ語圏における主に緩和ケア・ホスピス領域の音楽療法では，このような楽器を用いて音響に身を委ねることで，深いリラクゼーション或いはトランス状態に導くことなど良く活用されており，そうした中で〝音の旅〟（Klangreise）に誘う。つまり多くの人はこの音色を聴きながら内なる旅をイメージとして体験したりする。この誘いは音を奏でながら音楽療法士が指示的に行うこともあれば，患者のイメージに任せることもある。今回，私は特別な誘導はせず，ただこの音色を聴いてもらいA氏の体験に任せた。A氏は目を閉じ，眉間にしわを寄せて何かを集中して感じ取っている様子で聴いていた。こちらもそのようなA氏の様子に注意しながら気を落ち着けてしばらく演奏。ある程度時間が経ってからA氏はホワイトボードを取り出し「すごい！優しい音。パーカッションと金管の音が…」と書き込んだ。興奮して書いたので私にはその内容はよく分からなかったが，A氏にとっては視覚的ではなく聴覚的なイメージだったようだ。一番気になった「心地良く感じましたか」という私の質問には「気持ち良かった」と言う返事が返ってきた。このように倍音を出し深いリラクゼーション・トランス状態に導く楽

器の扱いに関しては，心地よい体験をする一方，時折注意を要する。心地よく感じるためには健全な自我が保たれている必要があるからだ。自我が脆く不安定な状態の人，或いはトラウマの後遺症に悩まされている人などが，このような音響を枠組みが設定されていない状態で聴くと，圧倒的な体験にかえって取り乱す危険性がある。もしも患者が不安を感じ，音を鳴らすのを止めてほしいと感じたら手を挙げるなどして知らせるなど，あらかじめ取り決めておくことは有効であろう。A氏の場合はその点大丈夫と思われた。

　この日のA氏との関わりは，私にとって圧倒的な体験で帰宅後，心地よい疲れを覚え，すぐに眠ってしまった。そしてその後，今回の出来事では何が起こっていたのかを改めて考えた。私はA氏から一体何を感じ取り何が"圧倒的な体験"であったのだろうか。そうして思い至ったのは，明らかにこの方にとって音楽とは"生きること"そのものであり，"力の源"であるということだった。

　A氏はこの頃，私とはこのような体験をしていたが，一方，彼の「プライマリーナース」[脚注2]には，病状に対する苛立ちの気持ちも素直に表現している。「時々このホワイトボードを投げつけたいほどいらつくことがある」，「いらつきが大きいほどニコニコしていよう」，「昔からこの考え，できた」，「僕はいつもお気楽，極楽，明日があるさだった」等。痛みと身体のふらつきもひどくなり耐えられないほどの状態もあったに違いない。このような時，音楽はどのような役割を果たしていたのだろうか。

音楽を通して過去と現在を紡ぐ

　入院してからもうすぐ3か月が経とうとしている頃，A氏のカルテにも「浸潤に関連した疼痛，浮腫が持続している」，「ジェスチャーでオキノーム[脚注3]の希望あり。今まででも一番強い痛みが出現している」等と頻繁に書き込まれるようになった。医療スタッフとのやりとりでは，A氏の経口摂取の薬は現在でも最大用量に達している状態で，本当は注射をしなくてはならな

脚注2）専任看護師。
脚注3）一般名はオキシコドン。麻薬系鎮痛剤で急な痛みに用いられる即効剤。

いレベルだがご本人が希望しないとの情報を得た。また入浴も介助をかりず自分で入っていたよう。日頃の痛みに意志強く耐えている様子が伺えた。このような状態からA氏の体調には更に注意をして関わることになった。この頃には，このような体調悪化にもかかわらずほぼ毎回，食堂談話室にいる姿を見かけるようになっていた。その方が，気がまぎれるようだった。A氏の姿を見，声をかけると，すぐに「行こうか」とピアノの方を指すようになった。A氏は，自分の好きな楽団や，かつて歌ったイタリア歌曲，音に対する感覚など，どんどん書き込むようになった。こちらから誘導したわけではなかったが，ごく自然に，ライフレビューの内容になっていった。しかしA氏本人がこの時点で"ライフレビュー"と意識していたのかどうかは，定かではない。私はただ"いま，ここ"で語られるA氏の言葉に耳を傾け，A氏の語る当時の様子を思いながら演奏していた。ある日，A氏はイタリア歌曲の中にあるマルティーニG.の「ピアチェルダモーレ」を希望した。大学で歌い，それから結婚式の時によく歌っていたとのこと。私はこの曲をまだ歌ったことがなかったので，次回の宿題にさせていただいたが，次回お会いした時にイタリア語がどうしてもドイツ語・ラテン語読みになってしまって苦戦していることを苦笑して伝えると，A氏は「ピアノだけでもいい」と書いた。その後「カーロ・ミオ・ベン」，「オンブラ・マイフ」などを希望し，それらはピアノ伴奏しながら歌えたので歌うと「懐かしかった」とコメントした。これらの曲はA氏自身が高校時代に歌ってきた曲であり，私の歌声を聴きながら，自分もまた心の中で歌っているようだった。自分の声を「テノールだった」とも語った。この時の私の役割は，かつて音楽を奏でていたA氏と現在のA氏とを"いま，ここで"音楽を聴き，体験するなかで繋げていくことだった。つまりこれは彼の健康だったこれまでの人生と，現在病気を患い，様々なことが不自由になった状態の自分とを音楽を通して結びつける作業でもあった。これはピアノ演奏に関しても同様で，バッハ以外にとくにラベルの「亡き王女のためのパヴァーヌ」やドビュッシーの「亜麻色の髪の乙女」などリクエストしたが，これらはすべてA氏自身が演奏してきたものだった。

　私は音楽療法士として，相手全体を感じ取るために患者が語る言葉の意味以上に，声の質や抑揚に注意を払うよう心掛けている。しかしA氏の場合は，

声を聞いたことがない。それなのに毎回会うたびにこの方から感じ取るインパクトは一体何だろうと考えたことがある。A氏は声が出ない分，文字を書き込む勢い，テンポ，息遣い，眼差しや表情など身体全体で自然と自分の語ることを表現し，その音楽を私が感じ取っていたのではと後になって思い至った。入院して3か月が経った頃のA氏は，体調の悪化と反比例するように，私に沢山リクエストをし，音楽について沢山語った。この時に私は「Aさんにとって音楽とはどのようなものですか」と直接聞いてみた。するとA氏は「僕の周りには昔から音楽があって切り離せないもの」と書いた。やはりそうだと思った。「Aさんにとって音楽することとは生きることそのものと思ってもいいですか」と尋ねると大きく頷いた。そして「今は自分のピアノもないし，あまり弾いていないけれど，どこにいる時も，自然の中でも，海の音も，頭の中では音楽がいっぱい流れています」と続けて書きこんだ。私は"音楽療法が音楽所以"である貴重なものをその時A氏に教わっているような気がした。つまり音楽という媒体は，人によって奏でられるものにとどまらず，人間の主観的な音体験と感覚の中にもあって，それが療法と如何に分かちがたく結びついているのかを教えて頂いているような気がしたのだ。

受け取る人から与える人へ

　ちょうど"音楽とはA氏にとって生きることそのもの"という会話をしたその日の午後，最初に1度参加したきり姿を見せていなかった"歌の時間"に突然A氏が現れた。こちらから声をかけていたわけでもなく，予想していなかったのでこちらも驚いた。A氏の中で何が起こっていたのだろう？ A氏自身は歌えないが，この日グループに集まった方々の歌声を聞き，自らもリクエストを出し，雰囲気を十分に楽しんだようだった。「さざんかの宿」で盛り上がると「このような歌になると力がこもる」と書いて，皆に見せて共に笑った。A氏が久しぶりに"歌の時間"に参加した次の週も，体調面では「これまでにない痛みが出てきて」おり，「薬が効かなくなってきている」というカルテの記載を見た。このことを頭の片隅に置きながらA氏と会った際「今日はどうしましょうか。身体の調子が一番ですから…」と無理のない言葉かけをした。しかしA氏は「今から30分後」と書き，ピアノ演奏を聴きに

来た。ピアノを弾き始める時に私は自分自身を調律するため，大抵まず大好きなバッハを1曲弾かせて頂くことにしている。自分自身がゆったりと落ち着いていないと聞き手に安心してもらう演奏ができないからである。"自分を調律する"という感覚はA氏にも分かるようで，笑って静かに聴いていた。そして以前からリクエストして頂いていたラベルの「亡き王女のためのパヴァーヌ」を，まだ練習も中途半端なままの演奏であったがA氏にできるところまで聴いて貰った。この曲は，私自身も学生時代ラベルが好きで，いつか演奏しようと幸い楽譜を所有していた。

　入院から3か月と少しが過ぎた頃からかA氏は次第にピアノ演奏や音楽に関する専門的な助言をするようになってきた。つまり療法的な関係の中でも"患者"のみならず"先生"でもあり，"同士"のような感覚も出てきた。A氏は再び"歌の時間"に顔を出してからその後，ほぼ毎回この時間にも顔を出すようになった。この場では，他の患者と共にいることを楽しく感じながら，私の奮闘ぶりも横で見守ってくれているような温かさを感じた。"歌の時間"の終了後は，移調についてアドバイスをしたり，音を取るのが難しかったある患者について「あの方は音合わせをしても音が取れない。でもプライドがあるから一度音合わせをするふりをするといい」などこっそり助言してくれたりすることもあった。A氏自らもまた民謡からジャズ，ポップスまで幅広くあらゆる音楽を演奏してきていたのだ。並行して社会面でも家族や音楽仲間とメールでのやりとりを続けながら，他患者との交流も増えていったようだった。この頃，廊下で偶然すれ違ったある患者がA氏を見かけ「昨日はどうも有難うね」と嬉しそうに話しかけている姿も見た。私が個別でA氏のためにピアノを弾く時は，A氏は自分のこれまでの経験，例えば教会での結婚式でも一時期，職業としてオルガンを演奏していたこと，テレビドラマの収録でも吹き替えのピアノ演奏を行っていたこと，大学では作曲家の友人に影響を受けたことなど，どんどん語り，ライフレビューは継続しているように思われた。同時にまた私が演奏で苦労していた分散音の箇所など「僕はここだけで30分は練習していた」，「丁寧に練習していたら弾けるようになる」など助言を与えるようにもなった。また音楽を体験する時の感覚そのものに関する話題も増えた。ある時私が「音楽の種類に関わらず良い音楽にはどこか静けさが

第8章 音楽を通して引き継がれる思い——緩和ケア病棟における音楽療法　153

あるように思います」と語ったところ「僕はピアノを弾く時に，あるイメージをいつも思い浮かべる」と書いてきたので「それは言葉にできるイメージですか」と尋ねると頷き「湖の中にピアノがあってそのまわりに波紋が広がっていく感じ」と教えてくれた。そこにも私は静けさを感じ，またA氏の楽器はやはりピアノであると実感した。この頃には，A氏の体重も35キロ台まで落ち，体力もかなり弱っていた。それでも音楽について語るときは，こちらも圧倒されるようなエネルギーがあった。このエネルギーはどこから来るのだろうかと考えた。

　入院してから3か月をはるかに過ぎた頃，病棟で七夕会があり，A氏はパステルシャインアートにも参加した。いくつもの色の円形が描かれ，医師はこれを見て「人と交わっている時の温かい雰囲気なのかなあ」と呟いていた。作品の裏には，皆と一緒にいられることの感謝の気持ちが綴られていた。この七夕会があった週にお会いした時，A氏のエネルギーがかなり衰弱したように感じられたが，それでもピアノ演奏は聴きに来た。「今日は何を聞きたい気分でしょうか」と尋ねると，この日は私が曲目を決定しても良さそうだった。この頃にはA氏との関わりを通して私自身もかつてのピアノへ対する情熱を思い出し，昔弾いた様々な曲を掘り起こしては練習していたので，そのレパートリーの中から数曲演奏した。しかし最後には，やはりラベルの「亡き王女のためのパヴァーヌ」を希望され，演奏すると惜しみない拍手を頂いた。立ち上がって「上のメロディラインとそれに絡んでいるラインがきれい」，「分散音がきれいになっていて気持ち良かった」と書いた。この時，私の演奏もA氏により息を吹き込まれたように感じた。しかしながら，こうしたピアノを通したやり取りは，この日が最後となってしまった。翌週病院に行ったとき，A氏の体調はすぐれず，ずっとベッドに横になったままで，とても音楽を聴ける状態ではなかったからである。私が来たことを認識すると右手を横に振り「きつい」サインを出した。この日私にできた唯一のことは"何もしないこと"であった。この時，死を前にした無力感を思い知らされたように感じた。しかしこの日のA氏を見て「"今の"A氏が欲する音楽とはどのようなものだろう」と考えたとき"この世のものとは思えない"，"祈るような"静かな音楽しか合わないように感じた。それは現世で誰かに演奏されるような音楽で

はなく，A氏の頭の中で鳴り響いている音楽で十分なのかもしれないと思った。死を強く意識した瞬間だった。この日から5日後，A氏は静かに旅立っていった。入院してから4か月が経った頃だった。

　次に私が病院に向かったのはA氏が亡くなった後だったが，A氏の担当医師から「よかったら経過をカルテで読んでください」と声をかけて頂いた。すると亡くなる3日ほど前にA氏がプライマリーナースとやり取りをしている様子が記載されていた。A氏は口唇の腫瘍が酷くなり顔が変形してきたことに対する苦悩を「こんな自分を人はどう思うのか」と打ち明けていた。そして「今の自分は誰かの役にたっているのだろうか。人はみな社会貢献していると思う。自分は何もしていない。そんな自分が情けない。生きる価値がない」と言っているのに対し，プライマリーナースが「Aさんが考える社会貢献とはどのようなものですか」と問いかけている。A氏は「そうだね。ひとのためにいろいろできるひと。みんなあなたたちのように，いろいろしていることと思う」に対し「そうですね。人の役に立ちたいと思った時点で，もう既に社会貢献は始まっていると思いますよ」というプライマリーナースの答えに涙を流されたとのこと。この記述を読んだ後，改めて担当医も含めた医療スタッフたちの様子を見渡した。皆A氏の死を悲しんでいるようだったが，病棟にはどんどん新しい患者が入ってくる。そして新しい患者もまたそれぞれの人生を携えてやってくる。悲しみを抱えたまま新しい課題に取り組み，先へ進むべく再び日常の中に溶け込もうとしている様子が伺えた。その光景を見た時に私の中にこの人たちを慰めなくてはならないという強い思いが生じた。そしてA氏の「僕に何ができるだろうか」という言葉がふと頭の中に浮かんだ。A氏が健康で誰かの役に立とうとするとしたら何をするだろうか。きっとピアノを弾くだろうと思った。この時に私はA氏に代わって，この医療スタッフたちにピアノを演奏して慰め，感謝の意を伝えなければならないと感じた。そして今回は，そこまでやって初めてこれまで関わったA氏との音楽療法の任務がすべて終了するように思えた。本人が亡くなった後もなお音楽療法で関わることはこれが初めての経験だったが，後日，A氏と関わったスタッフ全員のために数曲ピアノを演奏した。とてもA氏の代わりになるようなものではなかったが，ラベルの「亡き王女のためのパヴァーヌ」をはじめ，いずれもA氏と

共に演奏したもの，直接教えて頂いた曲を，心を込めて演奏した．

考　察

　A氏にとって病の中にあってなお音楽をする意義とは，どのようなものであったのだろうか．音楽療法を通して関わっていく中でA氏にとって音楽とは「切っても切り離せないもの」，「生きることそのもの」という答えを得られた．音楽はA氏の職業であったと同時に，存在意義も示していたと思われる．このように大切な音楽を，病気による様々な喪失の中で保ち続けることはまさに「生きることそのもの」であったのではないか．筆者は他の患者からも音楽を通して「生きているという実感がほしい」という言葉を聞いたことがある．緩和ケア領域であるがゆえ"患者の肉体的・精神的苦痛を和らげ"，"リラックスすること"が主な目的になりがちな中，この「生きているという実感がほしい」という言葉にも同じくらいに注意が払われる必要がある．これは死を意識した人が，QOL以前の，生へのやまれぬ要求を表した言葉のように思える．音楽療法における音楽の意義は，音楽療法士の活動そのものにではなく患者自身の音楽体験のなかにある．したがって，ある人がどのような音楽を「生きている」と実感できるかを知るには，音楽療法のなかで，その人の人生と関わらせて頂けるような信頼関係が生まれている必要があり，そのプロセスの中から答えが得られるのではないか．人は"生きている"という実感が持てると，自ずとその人の生命も輝いてくるものだ．A氏の体力の明らかな衰退にも関わらず，それでも音楽を体験している時にエネルギーに満ちているように感じたのは，A氏が"いま，生きている"という実感を持てていた瞬間だったからなのかもしれない．

　"音楽を療法的視点で用いること"を考える時に，音楽療法士が音楽という媒体に対して如何に開かれた考えを持っているかが鍵になってくる．人はそれぞれの人生が大きく異なるように，音楽そのものに対する捉え方も大きく異なる．また同じ人物でも健康な時と病気の時では求める音楽も聞こえ方も自ずと違ってくる．音楽療法士が提供する音楽は，実際に楽器や声を用いて奏でたり歌ったりするものにとどまらず，患者の活動や動きが制限されればされてく

るほど，それに比例するように実際の音楽活動よりも音楽療法士の存在の在り様そのものの意味合いが大きくなってくる。それは厳しい状態にいる患者にとって受け入れやすいと思われる調律された在り方，或いは無の状態とでも言えるだろうか。そのような時に患者が傍に居ることを許してくれるなら，そこで奏でられる音楽は，共に呼吸をする息や心臓の動きのなかにあるかもしれないし，沈黙の中にあるかもしれない。療法的関係性のなかの音楽体験は，常に相互的なものである。私はA氏と関わっていく中で，また私自身の音楽人生も掘り起こされ，学生時代のピアノに対する情熱を思い出し，更に遡ると子どもの頃に経験した音楽に対する純粋な喜びの感覚や熱中を再体験することとなった。A氏が音楽を通して自身の人生を振り返っている間，私もまた共に自身の人生を振り返っていたのだ。A氏の変容とは何だったのだろうか。癌という病気を患い，身体的・社会的・精神的な様々な喪失と痛みを経験していく中で，時には逃げ出したくなるような耐えられない感情も経験したに違いない。そのような"精神的・身体的苦痛の中にいる人"から，いつしかその苦痛を抱えたまま"人に与えられる人"に，彼の職業でもあり存在理由のひとつでもあった"音楽"を通して変わっていったように思う。

　「緩和ケア領域で働く音楽療法士にとって特に必要と思われる基本姿勢」のなかのひとつとして，「経過」の「音楽療法の通奏低音となる基本姿勢」の項目で，ドロテア・ビューネマンとマルティーナ・バウマンが掲げる緩和ケア・ホスピス領域で働く「音楽療法士に有益な内なる姿勢」のひとつ「意図しながらも意図しないこと」（Absichtvolle Absichtlosigkeit）を既に紹介し，詳細に述べた（Baumann M., Bünemann D., 2009）。この領域で働く音楽療法士として患者の役に立つために有益な内なる姿勢としては，更に以下のような項目が挙げられている。「探し求める姿勢」（Aufsuchen），「時間や空間に柔軟であること」（Flexibel sein in Raum und Zeit），「いま，ここにいること」（Im Hier und Jetzt sein），「断片的に関わると心得ておくこと」（Fragmentarisches Arbeiten），「不確実な状態のなかで自由に動くこと」（Freie Improvisation im Schwebezustand），「秘密を内に秘めたままにしておくこと」（Ein Geheimnis lassen），「自ら生きるエネルギーを持つことに臆しないこと」（Mut zur eigenen Lebensenergie）などである。これらの項目は，個々に独立したもの

ではなく，すべて密接に関わりあっている。「意図しながらも意図しない」という姿勢は「探し求める姿勢」にも繋がり，「いま，ここにいること」や「断片的に関わることを心得ておくこと」，「不確実な状態のなかで自由に動くこと」はすべて，緩和ケア・ホスピス領域で関わる患者たちには残された時間があまりないこと，つまり時間が限定されているということ，そして薬の効果と相まって体調にも大きく波があるという特性故に，病棟における日々の出会いが一期一会であることを思えば納得がいくだろう。「秘密を内に秘めたままにしておくこと」とは，患者を重篤な病気を抱えた"病人"という視点でのみ見るのではなく，個々の歴史，そして秘密を携えた総合的な"ひと"という視点で見て尊重するということだろうか。私たちは"感情の発散"，"ライフレビュー"，或いは"人生の回想"などという目的をもとに，ともすると根掘り葉掘り聞くことで，完璧で綿密な情報集めに陥ってしまいがちなことに注意を促しているようにも思える。A氏がラベルの「亡き王女のためのパヴァーヌ」をあれほど聞きたがったのには，きっと何か理由があるに違いなかったが，それについて語りたいか否かは本人の意向に任せた。最後に「自ら生きるエネルギーを持つことに臆しないこと」とは，常に患者の"痛み"や"死"と向き合わざるを得ない環境の中で，療法士が自分自身に対して生きるエネルギーを与えることを臆することなく許可し，自身の精神衛生にも気を配ることを意味しているようだが，私自身は今回のA氏との関わりの中で，音楽を通して逆に私の生命と音楽に息を吹き込まれたような体験をした。これは緩和ケア領域において患者との音楽的な関わりが力を消耗するだけではなく，逆に生きる力を得ることもありうることを示している。

おわりに

A氏が思い出させてくれた音楽に対する思いや与えてくれた感覚は，私の中にもしっかりと残っており引き継がれている。これは今後，私が接する患者たちにも生かされていくことだろう。またA氏の「僕に何ができるだろうか」という思いは，もしもこの生き様を読んで共感を覚える人がいたら，それは十分に生かされ，本人もきっと喜ばれるのではないだろうか。

参考文献

1）Baumann M., Bünemann D.(2009). Musiktherapie in Hospizarbeit und Palliative Care, Ernst Reinhardt Verlag München Basel

解題

なぜケース（事例）を読むことが必要なのか？

　私たち音楽療法士は，実践現場のクライエントを目の前にして，臨床家としてどのように関わってよいかわからず立ちすくんでしまうことが必ずあるのではないだろうか？　教科書で習った理論や知識では対応できず，予測できない反応に右往左往するとき，どこかで読んだ事例が役に立つときがある。セッション時に抱える「どのような活動を行うのあか」「どのような音楽をいかに奏でるのか」「どのような介入をしたらよいのか」という疑問に対して，いわゆる Evidence based の論文の結果におけるグラフやパーセンテージ等の数値は，情報としては有用であっても，実際の現場におけるクライエントに対してはほぼ「役に立たない」のが現状であろう。もちろん，そのような基礎研究を否定するものではないが，実践研究としての事例の重要性が，実はここにある。他の音楽療法士が行った実践の具体例に触れ，自分がセラピストだったらどうするだろうか，とイマジネーションを膨らませて事例を読んでおくことが，自身の実践における応用において大きなヒントとなるのである。

　もちろん，各事例はマニュアルではないため，「このまま」の方法を自分のクライエントに使うことができないことは，私たちが十分知り得ていることである。なぜなら，クライエントや音楽療法士の音楽的背景はすべて「コンテクスト性」によるもので，個々に異なるからである。しかし，各事例においては，各著者が臨床的な結果を生み出した介入方法が「実際に存在する」し，そこには，クライエントが変わっても「普遍的な音楽の臨床的作用」そして「音楽療

法士にしかでき得ない独自の仕事の本質」が織り込まれている。

　事例を読み解くときには，読み手のイマジネーションが必要である。記述されていることを鵜呑みにするのではなく，この事例から何を読み取り，目の前の自分のクライエントにどのように応用できるのかについて考え，柔軟な想像性と創造性を駆使してこそ，この事例集に内在する音楽の生命が活用されるであろう。各事例には，この生命に溢れた「現実」そのものが述べられている。

　まず，第1章の生野論文では，重度のダウン症児との6年間の音楽療法における変遷が刻銘に記されている。生野氏は，アメリカで音楽療法士の資格を取得され，帰国後は常に最先端の音楽療法事情を日本に紹介し，素晴らしい実践研究や後進の育成に携わっている。本事例のような長期にわたるセッションの詳細記述と分析は大変珍しく，また，クライエントの変化のみならず，セラピストとの関係性，セラピストの音楽的拡充についても明確に述べられており，非常に貴重な臨床研究となっている。クライエントの変容は，常にセラピストとの相互交流の力動の中にあり，セラピストと音楽とクライエントが「そこに在る」ことで何かが変容することが読み取れる，とても意味深い事例である。

　第2章の三宅論文は，副腎白質ジストロフィーという進行性難病を抱える男児とのセッション記録である。特に，本児が臥床状態になり反応がなくなる時期からの筆者の様々な取り組みが，とても興味深い。例えば，彼の「心拍モニター音」とのアンサンブルや，脳波の楽譜化，外の工事音を取り入れた演奏，そして彼を取り巻く人々（家族，教員など）と共にミュージッキングの輪を拡げる手段など，クライエントのことを一生懸命に思いながら様々な活動を紡いでいった過程は感動的ですらある。三宅氏は，神戸大学大学院博士課程において音楽療法と生政治について研究されており，本事例でも「臨床人類学的視点からのケア」について言及している。このように，多角的に臨床実践を考察している点から見ても，オリジナリティの高い事例といえるであろう。

　第3章の私（岡崎）の事例では，他害行動を呈するADD（注意欠陥障害）女児を対象にした音楽心理療法の経過を紹介している。これは，著者がアメリカのニューヨーク大学附属ノードフ・ロビンズ音楽療法センターに在籍していたときに行ったセッションである。治療におけるキーワードは，音楽による「両価性の表現」，「退行」，「自己覚知」であり，クライエントが即興音楽によ

ってどのように変容していったかについて，音楽の臨床的役割の検証とともに考察している。特にシューマンやラフマニノフといったロマン派の楽曲を即興的にアレンジしたときのクライエントの変化が顕著であり，ロマン派特有のハーモニーの臨床的特性についても述べられている。セラピストの逆転移における葛藤についても書かれているので，ぜひ読者からのご指導を仰ぎたい。

第4章の井上論文では，ノルウェーの小学校におけるコミュニティ音楽療法がとてもわかりやすく紹介されている。井上氏は，コミュニティ音楽療法の先駆者スティーゲに学び，その方法を現地で習得して帰国したノルウェー政府認定音楽療法士である。このケースの中で，井上氏は障害を持つ児童を対象に音楽療法セッションを行いながら，コンサートに向けた活動を通して，彼らを「同心円状の中心に据え」，健常なクラスメートや保護者，教員，そして地域の人々さらには行政関係者までをも巻き込む音楽行為に展開させていった。このプロセスからも，音楽療法士が慎重に臨床的作業を継続し，クライエントとその周りの人々との関係性を丁寧に構築していった様子がわかる。コミュニティ音楽療法の具体例を知ることで，日本のコミュニティにおける音楽療法の意味づけがより明確になることであろう。

第5章を執筆した高田氏は日本の音大ピアノ科卒後，ボストンのレズリー大学で表現アートセラピーとカウンセリングを学び，その後ノードフ・ロビンズ音楽療法士の資格を取得した音楽療法士である。この事例は，日本でも珍しい高齢者対象の音楽中心音楽療法アプローチに基づいている。セッションで使われている音楽が細部にわたって記述されており，大変貴重なデータとなっている。また，クライエントの反応の評価だけでなく，セラピスト自身の内面を見つめなおす必要性に関しても言及されており，音楽活動を通して「関係性の中で起きること」「生まれる相互作用」について明確に議論されている点においても，優れた事例と思われる。

第6章担当の蔭山氏は，東京芸術大学でピアノを修めた後，音楽療法の実践を積み，同大学大学院の博士課程において高齢者対象の音楽療法について研究された，日本における高齢者対象のベテラン音楽療法士である。本事例では，重度の認知症を呈する高齢者の集団音楽療法における変化が詳細に記されている。集団であっても，個々のニーズと全体の力動を読み取りながら，使用楽曲

における調性やリズム・テンポなどの音楽要素を臨床的に工夫し，さらには安心感やユーモアなど治療的な「音楽的空間」を創るために必要な配慮について言及している。事例の様子が分かりやすいようにと挿入されている画は，美術家のご主人によるもの，と聞いている。高齢者対象の集団セッションが多く行われる日本において，その臨床意義をあらためて振り返ることのできる貴重な研究である。

第7章担当の濱谷氏は，国立音楽大学でリトミックを専攻され，その後日本で障害児対象の音楽療法の啓蒙に携わったのち，40代でニューヨーク大学大学院音楽療法学科修士課程に留学されたバイタリティ溢れる音楽療法士である。本事例では，緩和ケア病棟というクライエントとの接触回数が限定された実践現場で，氏が本事例のクライエントとどれだけすぐに信頼関係を築くことができたか，また音楽がどのようにそれを助けたか，を知ることができる。「リクエストをする」という行為に，どれだけ深いクライエントの思いが詰まっているか，そしてそれを音楽療法士がどのように引き出していくのか，がクライエントの生の声を通してつづられており，音楽がクライエントの最期に希望の光となったことがうかがえる。

第8章の溝上論文は，音楽家である50代前半のクライエントを対象に展開された臨床記録である。溝上氏はウィーン国立音楽大学音楽療法科を修め帰国し，その後また渡欧し現在ドイツで活躍している音楽療法士である。とにかく溝上氏の文章を読んでいただきたい。「患者」であり「先生」であり「同士」でもあるクライエントとのやりとりに，氏が臨床家としてどれだけ心を砕いていたかが手に取るようにわかる。そしてどれだけ音楽を大切に使おうとしているかが，セッション中そしてクライエント亡き後の様子からも汲み取ることができる。科学的なエビデンスでは証明しきれない「音楽のスピリチュアルなちから」が如実に力強く語られているのである。氏が引用する「意図しながらも意図しない（ビューネマン＆バウマン）」ことそのものを体現している，非常に優れた音楽療法士の仕事を垣間見ることができる。

これらのケースは，すべて音楽療法臨床現場における「現実」である。セラピストも悩み苦しみ変化し，クライエントも悩み苦しみ変化する。音楽を介

して繰り広げられるこの相互作用を読み取ることが必要なのである。「クライエントに対して，こうすればこう変わった」という因果関係を知るだけでなく，そのために音楽療法士たちが「どのような工夫をし，どのように悩み，それらをどのように解決していったか」という臨床家サイドの葛藤と苦しみのプロセス，そしてこの仕事における充実感をも，行間から感じ取っていただきたい。これは「ケース（事例）」ならではの産物なのである。

　音楽療法を学ぶ際には，実習やスーパーヴィジョンが不可欠であるが，それと並行してこのような「現実」を少しでも多く読むこと，咀嚼すること，自分の実践に応用してみること，そしてそのことについて熟考することが必須である。これらすべてのプロセスにおいてヒントになり得る様々な要素が詰まっている本事例集を，自信をもってここにお届けしたいと思う。

　これらの事例を読むさいは，掲載順でなくても構わない。自分の興味のある領域から読み進め，そしてことあるごとに本書を何度も読み返していただきたいと思う。なぜなら，自身の臨床を重ねた上でこれらの事例に触れるたびに，ケースから読み取る要素が形を変え，質を変え，自分の中の違う「耳」や「目」や「知」が働き出すからである。読むたびに，自分の臨床と重ね合わせながら，違うエッセンスを読み取ることができる。それは，読者に「事例の読み取り方」を教えてくれる勉強方法にもなる。このことは，臨床家が持つべき「応用力」となり，他の理論書からの知識と自らの臨床の現実を繋ぐツールとなるはずである。

　最後に，これらの素晴らしいケースを，心を込めて書いてくださった音楽療法士の皆様に，深く感謝申し上げます。音楽療法士という仕事に対するリスペクトと愛情が，これらの事例を通して，他の音楽療法士仲間たちに届くことを本当にうれしく思います。また，出版を担当してくださった岩崎学術出版社の清水太郎さん，柔軟な思考と大切なことを見逃さない心眼にこころから御礼申し上げます。ありがとうございました。

　　　　　　　　　　　　　　　　　　　　　　　　　　岡崎　香奈

索　引

あ行

アイコンタクト　62, 100, 118
愛着の安定性　70
アイデンティティ　17, 88, 97
アイルランド民謡　77
「赤とんぼ」　136
アクセント　12, 26, 90, 98
アゴゴウッド　13
アシスタント　4, 19, 46, 51, 109
遊びの要素　122
圧倒　27, 149, 153
アリセプト　89
アルペジオ　11
アンサンブル　13, 43
暗示　27
安心感　29, 69, 109, 120, 162
安定感　67, 90, 94, 101
アンビバレンス ambivalence　95
意外性　96, 122
移行プロセス　23
意思疎通性　103
以心伝心　130
"痛み"　139
一期一会　130, 157
一次データ　3
"意図"　143
"意図しないこと"　143
いま，ここにいること　157
意味概念　4
医療人類学　52
医療ソーシャルワーカー　146
因果関係　36
咽喉頭摘出手術　140
インターン　102
ウォーミングアップ　121
歌　6, 10, 45, 48, 59, 77, 88, 133, 141
歌遊び　17

歌選びテクニック　131
歌声　8, 82, 150
右中咽頭癌　140
うつくしさ　14
運動機能　7
エオリア旋法　90
エネルギーレベル　93
エピソード　41, 64, 137,
エピソード記述　40
エビデンス　ii
援助者　12, 28, 101
エントレインメント理論　91
応答　4, 7, 17, 39
オーシャンドラム　7
オートハープ　12
オープン5度　11
オキノーム　149
音環境　25
音積み木　14, 21, 28
"音の旅"　148
終わり　27, 66, 122
音楽協同者　1, 10
音楽経験　1, 48
音楽経験形態パターン　3, 4
音楽行為　21, 39, 47, 51
音楽心理療法　55, 131
音楽すること musicing　88, 103, 104, 144
音楽性　3, 12, 130
音楽葬　130
音楽中心音楽療法　88
音楽課題　25
音楽的空間　51, 119, 120, 162
音楽的スキル　76
音楽的相互行為　36, 39, 50, 53
音楽的対話　92, 97, 103
音楽的枠組み　97
音楽による両価性の表現　56
音楽の力動　87
「オンブラ・マイフ」　150

か行

「カーロ・ミオ・ベン」 150
介護予防 107
回避 10, 24, 28, 59
外面的発達 27
下咽頭癌 140
抱える音楽 67
抱える機能 70
科学研究 ii
化学療法 140
学習障害 75
覚醒レベル 39
楽想 8
過去 43, 49, 99, 147, 149
下口唇腫瘍摘出術 140
過興奮 26
重なり 26, 51
可視化 87, 94, 98
歌詞カード 91
臥床状態 35, 37
片麻痺 118
楽器操作 14
合唱パート 78
活性化 31, 92
葛藤 23, 56, 69, 123
葛藤の解決 55
活動の形式 72
渇望 25
カテゴリー 3, 4, 41, 55
歌謡曲 90
カラーシステム 81
カラーベル 94
感覚刺激 69
環境要素 40, 51
関係 1, 3, 11, 23, 27
関係性の構築 76
関係性の変化 83, 84
関係媒体 2
感受性 8, 15
感情の閾値 95
感情表出 9
感動 iii, 16
カンファレンス 57, 129, 147

緩和ケア 127, 129, 137, 139, 143, 157
緩和ケアチーム 127
キーボード 90, 92
記憶機能 88, 90
記憶の呼び起こし 88
危機管理 112
儀式的行為 18
疑似経験 26
偽終止和音 67
季節感 109, 113
期待 16, 27, 116
帰宅願望 135
気のエネルギー 130
希望 iii
急性骨髄性白血病 73
休符 7, 12, 21, 26
境界線 3, 8, 22
教会旋法 63
共感 7, 27, 52, 87, 98
共感的姿勢 92
協働 8
協同作業 11, 26
協同的音楽活動 60
共同無意識 129
「今日の日はさようなら」 134
共有体験 91
巨視的 3
距離 9, 20, 48, 59, 117
筋緊張 36, 39
近視的 3
緊張 12, 94, 122
空間把握 75
苦痛緩和 107
クラビノーヴァ 142
クラベス 92, 96
クラリネット 43, 44
グランドピアノ 142
グリーフ・ケア 128
クリスマスソング 79
グルーヴ感 38
グループ運動表現療法 119
苦しみ 14, 15
車椅子 49, 108, 120
クレーン要求 6
「黒田節」 114

グロッケンシュピール　92, 96
グロッペンプロジェクト　74
ケアサービス　74
ケアスケジュール　107
経管栄養　38
経口摂取　149
形成　32, 51
傾眠　108, 134
ケースカンファレンス　57, 65
ゲーム性　110, 122
ケタミン　146
「月光」　142
嫌悪感　80, 84
顕現化　19
健康的な自我　88, 95
言語的コミュニケーション　38
言語的思考プロセス　20
言語表現手段　2
現在　49, 146, 149
減七和音　64, 67
現実見当識の快復　55
原始的な母子関係　66
「原初的」な活動　21
見当識障害　88
鍵盤　6, 20, 66, 79, 81
後遺症　73, 149
行為による共同性　119
抗がん剤投与　75
交互奏　96, 99
甲状腺機能低下症　140
高度貧血　140
校内コンサート　78
興奮　27, 84
高揚感　93
高齢者　87, 101, 107, 119
声の質　150
コール＆レスポンス　38
呼吸　25, 36, 39, 123, 130, 136, 144
黒人霊歌　80
魂　88
個人音楽療法　2, 87, 92
個人の生命の尊厳　128
コセラピスト　109
個別教育計画　76
コミュニケーションの活性化　119

コミュニティ音楽療法　73
小物　47, 76
ゴング　67
コンセンサス　27
コンテクスト　25

さ行

再再教育的　55
再構築的　55
サキソフォーン　133
左橈骨神経麻痺　140
左中咽頭腫瘍摘出手術　140
左中咽頭癌切除術　140
参加の段階と質　72
残存機能の維持　92
三拍子　95
3分割したリズム　96
参与観察　40
3連符　95
"死"　139
GIM　129
視覚　114
視覚障碍　7
視覚動作協調　75, 80
時間軸　130
刺激　33, 69, 114, 120, 123
自己　12, 96
自己覚知　56, 61
自己決定　101, 131
自己刺激的　26
自己洞察　55, 103
自己判断　61, 101
自己表現　58, 88, 91
思考力　89, 97
支持的　55
思春期女子　31
姿勢保持　38
視線　36, 64, 112
時代性　12
疾患 disease　52, 88
失語症　88
実証化　87
実存的な意味性　87
失敗体験　110

自発的な演奏　19
四分音符　90
四分休符　7
自閉傾向　19, 58
自閉症スペクトラム障碍　28
自閉性　30
社会性　3, 9, 56, 88
社会的学習能力　75
社会的環境　40, 51
社会的な認知　85
社会文化的　40
若年性認知症　104
ジャズ　133, 152
ジャンベ　76, 81
習慣遊び　19
重症急性膵炎　140
修飾　67
自由性　97
自由選択　13
重層的　40
集団音楽療法　107
集中力　29, 57, 61, 82, 91, 100, 110
重度化　110, 123
重度認知症　107
終末期　107
自由即興　18, 59, 61, 69
祝福　27
主体的　49, 53, 91, 96, 100
腫瘍　146
受容　2, 62, 65, 70, 90, 98, 112
順次進行　11, 22
唱歌　90, 109, 115, 132
しょうぎ作曲　48, 49
小集団　107
焦燥感　89
情緒体験　65
情緒面　65, 89
衝動　26, 58, 62, 145
衝動コントロール　58
情動　90, 94, 97
情動性　91
情動調律　97
情報処理能力　75
触覚　114, 120
神経心理学的な障害　73

人権　73
進行性の神経疾患　35
シンコペーション　8
浸潤　149
腎障害　140
シンセサイザー　142
振戦　90, 93
身体感覚　ii
身体性　38
身体的呼応　7
心肺機能　109
心拍　35, 43, 47
心拍モニター　43
シンバル　13, 67, 68
心不全　140
信頼関係　70, 155
心理的コネクション　65
心理的両価性　56
心理療法的アプローチ　99, 103
「ずいずいずっころばし」　116
スウェーデン民謡　77
数量把握　75
スキャット　10
スケールⅠ　60, 62, 64
鈴紐　107, 111
スタイル化　28
スティールパン　50
ストレスの発散　91
スネアドラム　61, 62
スフォルツァンド　13
スリットドラム　13
生活の質　36, 128
生気情動　69, 98
精神衛生　157
精神分析　71
生態学的視点　36, 39
生物医学的　35, 44, 131
生物学的　40
生命　iii
セッション　2, 3, 9, 37, 40, 43, 56, 58, 60, 76, 92, 103, 113, 120, 122, 128, 130, 133,
セッション記録　102, 160
セラピスト　i, 40, 55, 70, 74, 109, 122, 133

セルフケア　71
全音音階　95
全音〈長2度〉　95
潜在的なリズム機能　91
潜在能力　92
せん妄状態　136
旋律　7, 11, 12, 66, 97, 119
相互関係　2, 87, 93, 100
相互身体的　36
相互変容　87
喪失　88, 123, 155
喪失体験　88
創造　8, 87, 94
創造的　iii, 88, 91, 97, 99
創造的音楽療法　60, 88
粗大運動　89
即興　4, 6, 8, 11, 26, 38, 48, 59, 61, 68, 78, 87, 88, 91, 95, 100, 130, 143
即興音楽　55, 69, 88
ソロヴォーカル　79

た行

体感　11, 26, 68,
対決　11, 27
太鼓　7, 21, 59, 68
退行　12, 28, 56, 66, 70
退行現象　66
耐性　70
代替医療　128
ダイナミクス　39, 56, 61, 120
ダイナミックフォーム　69
タイミング　16, 21, 39, 44, 61, 115
タイムアウト　64, 72
対話的交流　91
対話的やりとり　10
ダウン症　1, 28
他害行動　55
打楽器　4, 7, 77, 93
脱髄　35
達成感　76
タッピング　20
打点　14
他律的目的　32
タンバリン　13, 31, 63, 68

地域コミュニティ　74
秩序性　100
知的障碍／知的障害　1, 58, 73, 84
知の世界　19
地方分権化　74
着席活動　63
チャート化　4
中枢神経系　35
聴覚　44, 114, 117, 120
長期計画　85
超高齢社会　107
調性　61, 63, 119
調整操作　25
挑戦　26
調律　69, 142, 156
治療構造　29, 92
治療としての音楽　88
治療プロセス　56, 58, 71, 77, 133, 135
治療目標　57, 65, 91
通奏低音　143, 156
低音域　93
デイケア　127
抵抗　9, 16, 58, 60
適応力　102
手順　27, 32
「鉄道唱歌」　115
テノール　150
転移・逆転移　55, 99
転移の心理　28
電子ピアノ　76, 133
転調　63, 69
テンポ　21, 43, 90, 93, 113, 115, 137, 151
ドゥーイング　129
投影　56, 67
「東京音頭」　117
道具　33
洞察　30
"同士"　152
同質の原理　94
同心円状　4, 5, 83
統制感　101
同調　98
疼痛　149
童謡　8, 109, 132

トーンチャイム　117, 124
独自的な場　32
特別支援学校　2
共に生きる関係の場　53
トラウマ　149
トラウマの克服　55
ドラム　75, 77
トランス状態　148
ドリア旋法　11, 66
取り込み　25
トレモロ　21

な・は行

内的状態　46, 69
内的世界　87
"亡き王女のためのパヴァーヌ"　146
謎かけ　27
ナラティヴ・ストーリー　5
難易度　80, 101, 114
ナンセンス　96
似顔絵詩　45
肉体的・精神的苦痛　155
二次データ　3
二拍子　95
ニュアンス nuance　104, 137
人間関係の喪失　88
人間像　95
認知　3, 39, 65, 67
認知症高齢者　87, 107
能動的コミュニケーション　7
脳の活性化　109
脳波楽譜　44
ノードフ・ロビンズ音楽療法　88, 129
ノーマライゼーション　74
ノルウェー　73
ノルウェー民謡　82
場　32
パーカッション・スタンド　13
パーソナリティ　12
媒体 vehicle　33, 131, 155
バウンダリー　103
拍打ち　29
拍感　7, 16
拍数　7, 26

拍節感　113, 119
励まし　26, 137
「箱根八里」　114
始まり　27
パステルシャインアート　153
長谷川式簡易知能評価スケール　89
八分休符　7
発信　2, 25
発声　7, 17
発声パターン　21, 24
発達　3, 32
発達訓練　29
発達年齢　32
パッヘルベルのカノン　143
ハバネラ　11
ハミング　79
バラード　12, 26
バロック合奏　22
パンクチュエーション　66
判断力　89
ハンドチャイム　13
ハンドドラム　59, 92, 100
反復　94
「ピアチェルダモーレ」　150
ピアノ　6, 10, 21, 145
ピアノの弦　38
ビーイング　129
微細運動　89
非社会的行動　64
微小民族誌 micro ethnography　52
ピック病　87
否定　56
美的・音楽分析・および音楽学の臨床的
　応用　130
皮膚の質感　35
表現言語　2
表現行為　2, 124
表現様態　36
「琵琶湖周航の歌」　136
不安　89, 134, 137, 149
不安定　7, 17, 58
フォークソング調　11
フォルテ　13
不可視　87
不協和音　12, 93, 94

副作用　147
副腎白質ジストロフィー　35
浮腫　149
不随意　91
物理的　40
物理的環境　47
不適応行動　30
付点　8, 12
プライマリーセラピスト　57
プライマリーナース　154
フラッシュバック　131
フリギア旋法　10, 93
フルート　133
フレーズ　9, 39, 66, 93, 94
フロアタム　7, 13
ブロックコード　11
文化　20, 27, 32, 132
分散音　153
分類基準　3
閉鎖性　8
ベース　11, 63, 90
ベース音　68
ベースギター　77, 80
ベースライン　95
ペースに合わせる pacing　93
ベクトル　93
編曲　77, 84, 147
変奏　4, 96
変拍子　95
変容　40, 87
変容プロセス　55
防衛メカニズム　56
冒険　27
方向性　10
放射線治療　73, 75, 135
訪問学級　43
ホールディングミュージック　67
保健改革　74
歩行訓練　89
保護者面談　65
母子関係　66
母子関係論　97
ポストモダン　12
発作　39
ポップス　82, 133, 152
ポリフォニー　44
ボレロ　20
ホワイトボード　143
本態性血圧症　89
本能的　26

ま・や行

マイクロフォン　78
マイナー　7
摩擦　23
麻痺　147
麻薬鎮痛剤　146
満足感　109
見捨てられ感　71
看取り　107
身振り　36
脈拍　130
ミュージッキング　72, 160
ミュージック・チャイルド　88, 129
ミュージックベル　92
無意識の世界　129
ムーブメント　7, 26
無調音楽　61, 67
無調即興　11, 12, 29
目的意識　101
目標設定　108
模索　30, 38, 144
モノコード　147
喪の仕事　130
モノフォニー　146
模倣　6, 22, 79, 91, 97, 100
「紅葉」　136
病い illness　52
病の進行　37
「夕焼け小焼け」　136
「雪」　113
「冬景色」　115
ユニゾン　12, 64, 67
ユング派　129
要介護　107, 108, 124
要求　26, 27
要支援　107
養成教育　i
陽性転移　102

余暇活動　　90
抑圧　　56, 91, 98, 99
抑うつ　　89
抑揚　　39, 97, 150
予測不可能な状況　　96
呼びかけ　　26
余命告知　　133
よりよい状態　　88
喜び　　iii
四拍子　　90, 95

ら・わ行

ライフ・ヒストリー　　52
ライフレビュー　　150, 152, 157
ラポール rapport　　92, 93
力動的形式　　98
リクエスト　　63, 131, 134, 141
リスパダール　　89
リズミカル　　38, 47
リズム　　4, 21, 93, 101, 144
リズムパターン　　76, 81, 90, 94
リソース　　4, 13, 141
立位　　13, 20
リハーサル　　78, 83
流動性　　22, 93, 100
流動的　　30, 97
療育園　　37
療育相談　　36
療法課題　　9, 27
療法構造　　8, 30
療法的介入　　2, 32
療法的関係性　　145
臨床人類学的視点　　52
臨床的意義　　36, 91
臨床的音楽性　　130
臨床的音楽性の展開　　130
臨床的関係と美学　　130
臨床的形式と音楽的形式　　130
臨床的テーマ　　6
臨床的に聴く　　130
臨床的分析　　130
臨床的理解　　130
霊的（スピリチュアル的）援助　　128
霊的 spiritual な発達　　55

劣等感　　85
レパートリー　　17, 25, 78, 80, 153
連鎖　　20
連弾　　38, 66, 143, 144
連弾即興　　8, 10
笑い飛ばし　　27
ワルツ　　11

アルファベット

ADD（注意欠陥障害）　　56
ADL　　89
ADL機能　　99
art of living　　39
bpm（beats per minute）　　59
DSM　　ii
ICD　　ii
IT社会　　ii
M.M.　　92
QOL（Quality of Life：生命・人生の質）　　128
well-being　　88

人名

エイゲン K.　　88
オースティン D.　　10
バッハ J.S.　　16, 146
バウマン M.　　143
ベートーヴェン L.v.　　17
ベートーヴェン L. v .　　142
ビゼー G.　　8, 11
ブルーシア K.E.　　55, 88
ビューネマン D.　　143
ショパン F.　　13
クレア A.　　91
ドビュッシー C.　　146
ギロック W.　　16
グリーグ E.　　16
ヘンデル G.　　16
ホイジンガ J.　　122
稲田雅美　　70
ジョビン A.　　9
ハチャトゥリアン A.　　11
クラインマン A.　　52
コリン・リー　　130

マルティーニ G.　150
メンデルスゾーン F.　16
蓑口雅博　119
モンティ V.　11
モーツァルト W.A.　146
野村誠　48
パヴリセヴィッチ M.　69, 92
ラフマニノフ S.　67, 69
ラベル M.　146
ロビンズ C.　88

ロジャース R.　17
シューベルト F.　49
シューマン R.　64, 69
スターン D.　69, 97
スティーゲ B.　74
チャイコフスキー P.I.　7
タリー A.　100
ウェーバー A.　11
ワイス D.　12
ウィニコット D.W.　70

編者略歴

阪上正巳（さかうえ・まさみ）
1958 年　埼玉県生まれ
1983 年　金沢大学医学部卒業，国立武蔵療養所研修医
1985 年　自治医科大学精神医学教室入局
1989 年　ウィーン大学医学部精神医学教室に留学，同時にウィーン国立音楽大学音楽療法科聴講生として学ぶ（～ 1990 年）
1999 年　国立精神・神経センター武蔵病院医長
2001 年　国立音楽大学助教授を経て
現　在　国立音楽大学教授，医学博士
　　　　精神保健指定医，日本精神神経学会・精神科専門医
著訳書　『精神の病いと音楽—スキゾフレニア・生命・自然』（単著，廣済堂出版，2003）
　　　　『音楽療法—芸術療法実践講座 4』（共編，岩崎学術出版社，2004）
　　　　『音楽療法事典 [新訂版]』
　　　　　　（ハンス＝ヘルムート・デッカー＝フォイクト他，共訳，人間と歴史社，2004）
　　　　『文化中心音楽療法』（ブリュンユルフ・スティーゲ著，監訳，音楽之友社，2008）
　　　　『音楽療法と精神医学』（単著，人間と歴史社，2015）他

岡崎香奈（おかざき・かな）
1966 年　福岡県生まれ
1988 年　英国王立音楽院ピアノ科卒業
1989 年　ノードフ・ロビンズ音楽療法センターにて音楽療法士ディプロマ取得
1995 年　ニューヨーク大学大学院音楽療法学科修士課程修了
2011 年　ニューヨーク大学大学院博士課程修了，洗足学園音楽大学准教授を経て，
現　在　神戸大学大学院人間発達環境学研究科准教授，芸術学博士
　　　　英国・米国公認音楽療法士，日本音楽療法学会認定音楽療法士，
　　　　ノードフ・ロビンズ音楽療法士レベル III 取得者，世界音楽療法連盟資格認定委員
著訳書　『音楽療法のための即興演奏ハンドブック』（共著，音楽之友社，1996）
　　　　『障害児教育におけるグループ音楽療法』
　　　　　　（ポール・ノードフ＆クライブ・ロビンズ著，共訳，人間と歴史社，1998）
　　　　『音楽療法ケーススタディ〈上〉』
　　　　　　（ケネス・E・ブルシア編著，共訳，音楽之友社，2004）
　　　　『文化中心音楽療法』（ブリュンユルフ・スティーゲ著，共訳，音楽之友社，2008）

執筆者略歴（執筆順）

生野里花（いくの・りか）
1997年コロンビア大学ティーチャーズカレッジ修士（芸術，教育学），2015年お茶の水女子大学博士（人文科学）。現在，野花ひととおんがく研究舎を主宰し，研究，教育，臨床に携わる。東海大学非常勤講師。著書：『音楽療法士のしごと』（春秋社），訳書：『音楽療法を定義する』（ブルシア，東海大学出版）その他。

三宅博子（みやけ・ひろこ）
2010年 神戸大学大学院総合人間科学研究科博士後期課程修了。現在，障害のある人やない人との音楽活動を通じて，多様な人々が共にある場に関心を持ち，実践・研究を行う。「芝の家・音あそび実験室」主宰。明治学院大学非常勤講師。NPO法人「多様性と境界に関する対話と表現の研究所」スタッフ。

井上勢津（いのうえ・せつ）
ソグン・フィヨルダーネ大学音楽療法コース及びベルゲン大学グリーグアカデミー修士課程修了。現在，ノルウェー政府認定音楽療法士として日本で活動を行う一方，株式会社ノルディックカルチャージャパンの代表として，日本とノルウェー・北欧で数多くの文化プロジェクトに関わっている。東京音楽大学，東邦大学非常勤講師。

高田由利子（たかだ・ゆりこ）
Lesley大学表現アーツセラピー学科音楽療法・メンタルヘルスカウンセリング科修士課程修了。ニューヨーク，ノードフ・ロビンズ音楽療法センターにてディプロマ取得。即興音楽を介したインタラクションの研究として，東京大学大学院学際情報学府文化・人間コース博士課程在籍中。現在，札幌大谷大学准教授。日本音楽療法学会認定音楽療法士。

蔭山真美子（かげやま・まみこ）
2007年東京藝術大学大学院音楽研究科応用音楽学（音楽療法）専攻博士後期課程修了。現在，国立音楽大学准教授。東京藝術大学・放送大学非常勤講師（音楽療法）。日本音楽療法学会認定音楽療法士・同学会関東支部幹事。

濱谷紀子（はまたに・のりこ）
国立音楽大学卒。ダルクローズ・スクール・オブ・ミュージック（ニューヨーク）修了。ニューヨーク大学大学院音楽療法科修士課程修了。ニューヨーク大学附属ノードフ・ロビンズ音楽療法センターディプロマコース修了。現在，同志社女子大学音楽科特任教授。

溝上由紀子（みぞかみ・ゆきこ）
ウィーン国立音楽大学音楽療法科卒業。音楽療法士（Mag.art.Diplommusiktherapeutin）。日本へ帰国後，たたらリハビリテーション病院緩和ケア病棟の音楽療法士としての勤務を経て，再び渡独。現在，ヘクシャークリニック・ローゼンハイム児童・青少年精神科・心療内科勤務。

ケースに学ぶ音楽療法 Ⅰ

ISBN 978-4-7533-1114-9

阪上正巳・岡崎香奈 編

2017 年 3 月 31 日　初版第 1 刷発行

印刷 ㈱新協　／　製本 ㈱若林製本
発行 ㈱岩崎学術出版社　〒101-0052 東京都千代田区神田小川町 2-6-12
発行者　杉田　啓三
電話 03(5577)6817　FAX 03(5577)6837
©2017　岩崎学術出版社

乱丁・落丁本はお取替えいたします　検印省略

音楽療法──芸術療法実践講座・4
飯森眞喜雄・阪上正巳 編
普及から深化へ音楽療法の現在を臨床から明らかにする　●本体 2,800 円

サイコドラマの技法──基礎・理論・実践
高良　聖 著
ことばを越えたアクションを自分の臨床に加えるために　●本体 3,300 円

思春期・青年期のこころとからだ
鍛冶美幸 著
自分と出会うためのワークブック　●本体 2,800 円

耳の傾け方──こころの臨床家を目指す人たちへ
松木邦裕 著
専門家としての聴き方を学び身に着ける　●本体 2,700 円

改訂 精神分析的人格理論の基礎──心理療法を始める前に
馬場禮子 著
要望を受け名著待望の改訂新版　●本体 2,800 円

ロールシャッハテストの所見の書き方
加藤志ほ子・吉村　聡 編著
臨床現場の要請にこたえるために　●本体 2,500 円

事例で学ぶアセスメントとマネジメント
湊真季子・岩倉拓・小尻与志乃・菊池恭子 著
様々な職場で信頼される心理士になるために　●本体 2,300 円

事例研究というパラダイム──臨床心理学と医学をむすぶ
斎藤清二 著
臨床事例の「科学」とその意義を考える　●本体 3,200 円

認知行動療法と精神分析が出会ったら
藤山直樹・伊藤絵美 著
こころの臨床達人対談　●本体 2,800 円

この本体価格に消費税が加算されます。定価は変わることがあります。